本书的出版得到国家自然科学基金项目（71101012）、中央高校基本科研业务费专项资金、国家留学基金和未来教育高精尖创新中心资助。

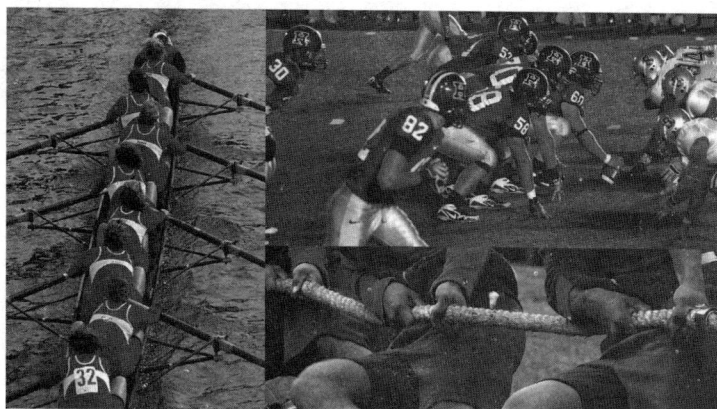

GROUP
DYNAMICS

群体动力

孙晓敏 _著

北京师范大学出版集团
BEIJING NORMAL UNIVERSITY PUBLISHING GROUP
北京师范大学出版社

图书在版编目（CIP）数据

群体动力／孙晓敏著．—北京：北京师范大学出版社，2017.3
（工业与组织心理学丛书）
ISBN 978-7-303-21989-6

Ⅰ．①群…　Ⅱ．①孙…　Ⅲ．①企业管理－组织心理学
Ⅳ．①B84

中国版本图书馆CIP数据核字（2017）第021025号

营销中心电话　010-58802181　58802123
北师大出版社高等教育教材网　http://gaojiao.bnup.com
电 子 信 箱　gaojiao@bnupg.com

QUNTI DONGLI
出版发行：北京师范大学出版社　www.bnupg.com
　　　　　北京市海淀区新街口外大街19号
　　　　　邮政编码：100875
印　　刷：北京市东方圣雅印刷有限公司
经　　销：全国新华书店
开　　本：787 mm×1092 mm　1/16
印　　张：12.5
字　　数：200千字
版　　次：2017年3月第1版
印　　次：2017年3月第1次印刷
定　　价：45.00元

策划编辑：何　琳　　　责任编辑：齐　琳　张凌敏
美术编辑：焦　丽　　　装帧设计：金基渊
责任校对：陈　民　　　责任印制：陈　涛

前 言
PREFACE

　　2008年10月，我进入哈佛大学心理系理查德·哈克曼（Richard Hackman）教授的实验室进行博士后研究，一转眼这已经是8年前的事儿了。在哈佛的2年博士后期间，我听了两轮哈克曼教授的组织中的社会心理学这一课程，深受影响。对于组织行为学，对于团队在组织中的功能，对于群体动力的理解，都因为这门课而得以深化。回国后先为北京师范大学心理学院的研究生们开设了这门课程，受到了同学们的欢迎；随后又在心理学院的本科生中开设了这门课程，也收到了积极的反馈。在几轮课程的基础上，同时在完成关于群体决策的国家自然科学基金项目的过程中，更重要的是在哈克曼教授课程的整体理论框架和经典文献的支撑下，这本书才得以诞生。

　　《群体动力》这本书与传统的组织行为学领域的教材最大的不同之处在于，本书始终致力于从社会心理学的视角去理解和思考组织中的群体问题。因此，在阐释的过程中，本书基于大量社会心理学的理论和研究，对群体发展、群体互动、群体绩效、领导群体、群体与个体的相互影响以及群体研究的最新动向等都进行了介绍，适合作为本科生和研究生的组织行为学、管理心理学等课程的教材或参考读物。同时，由于本书是在大量社会心理学特别是小群体研究和实践的基础上撰写的，因此也适合群体和团队领域的研究者以及组织中的团队管理实践者阅读。

　　在本书的撰写过程中，我的研究生魏聪、接园、魏子晗、陈婷、詹雪梅、周安梅和费蕾诗协助我完成了大量的文献收集、整理和校对的工作。北京师范大学出版社何琳编辑的敦促也成为本书出版的重要动力。此外，本书的出版得到国家自然科学基金项目（71101012）、中央高校基本科研业务费专项资金、国家留学基金和未来教育高精尖创新中心的资助。在此一并表示感谢。

此时此刻，坐在哈佛大学心理系威廉·詹姆斯楼（William James Hall）的办公室里，回想此前哈克曼教授的引导和感召，思绪万千。他曾说过的一句话"Most teams are sad, I want to make people's life in teams happier"至今仍是对我教学和科研的鞭策。遗憾的是，哈克曼教授于2013年因肺癌病逝。由衷感谢他对我学术和人生的引领，谨以此书献给他。

孙晓敏

2017年1月

于哈佛大学心理系威廉·詹姆斯楼

目 录
CONTENTS

113 / 第五章　领导群体

导　论

　　社会心理学领域最基本的原理是人的行为在很大程度上会受其所处的社会环境的影响；但是，人们在理解他人行为时通常会高估个体内部因素的作用，而低估其所处外部环境因素的影响。这种归因的倾向被称为基本归因偏差（fundamental attribution error）（Ross，1977）。这种归因偏差使得我们往往容易忽略系统和环境中所隐藏的深层次问题。

　　我们来看一个现实的例子。假设两个人玩一个游戏，每人都必须选择一种策略。要么是竞争性的策略，要么是合作性的策略。就竞争性的策略而言，游戏者尽力赚更多的钱，同时让他的对手损失尽量多的钱；就合作性的策略而言，游戏者试图让自己和同伴都能赚到一些钱。就这样的游戏而言，你认为你的朋友中哪些人会选择竞争性的策略，哪些人会选择合作性的策略？

　　一般人都会觉得这个问题并不难回答，我们对朋友的相对竞争性的程度都有或多或少的体会。你可能会说"我的朋友小张平时很能替别人考虑，我确信她在这样的游戏中会选择合作性的策略"。换句话说，我们考虑到朋友的人格特点并据此进行判断。一般而言，我们很少会考虑预测所基于的社会情境的特点。但是，这样的预测在多大程度上是准确的？我们是否应该对游戏的社会情境予以考虑？

　　利伯曼等人（Liberman，Samuels，& Ross，2004）进行了这样一个实验。他们的被试是斯坦福大学的学生，由学生所在宿舍的宿舍助理对学生的竞争性程度进行判断。研究者对宿舍助理描述了上述游戏，并询问他们认为自己所管理的这些宿舍中的学生中，哪些人更有可能选择竞争性的策略，哪些人更有可能选择合作性的策略。宿舍助理很容易就对学生进行了分类。随后，研究者邀请这些学生参加了这个游戏实验。研究者对游戏的名称这一微不足道的社会情境因素进行了变化。有一半被试得知他们将要参与的是"华尔街游戏"，而另外一半被试则得知他们要参与的游戏是"社区游戏"。有关该游戏的其他方面的内容都是完全一样的。因此，被认为更具竞争性或更具合作性的被试或者参与了华尔街游戏，或者参与了社区游戏，从而得到四个条件。大多数人都会认为真正发挥作用的应该是个体的人格特征，而不是游戏的名称这么微不足道的因素。有些人天生就富有竞争性，而有些人则生来与世无争，因此，在这样的游戏中这两类人应该表现出显著的不同，而跟游戏的名称没有太大关系。

这样的预测对吗？

我们来一起看一下结果。正如图0-1所示，仅仅是游戏名称这一社会情境中微小的方面，对人的行为方式产生了巨大的影响。

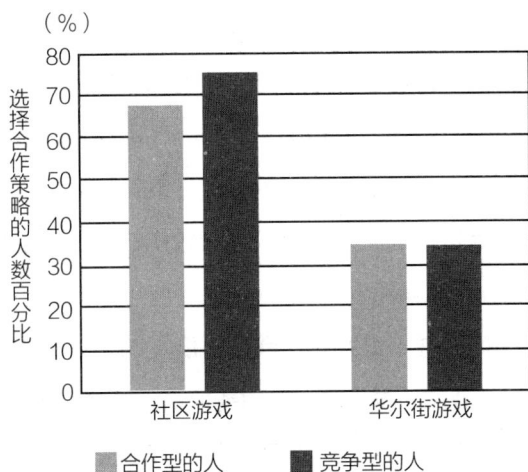

图 0-1　什么影响人们的合作水平——人格还是社会情境的特征？

当被称为社区游戏时，大约有2/3的被试表现出合作性行为；而当被称为华尔街游戏时，只有大约1/3的人表现出合作性行为。游戏的名称给参与者传递了非常强烈的信息，告诉他们在这样的社会情境中应该如何行为。游戏的名称同时还传递了强烈的社会规范，告诉人们在该情境中什么样的行为是恰当的。在本书的第六章，我们会重点谈到群体规范对个体行为强有力的影响和塑造。

在这个实验中，被试的人格特征对于其行为没有显著影响。那些被认为更具合作性人格特征的学生与更具竞争性的学生相比，在社区游戏和华尔街游戏中并未表现出显著差异。

这种结果模式在本书的讨论中会经常出现：社会情境中的一些看似微小的方面可能会具有强大的作用，超越了人们在人格特征上的个体差异。这并不是说人格差异并不存在或者不重要；人格差异的确是存在的并且非常重要，但是社会和周围的情境是如此强大，以至于它几乎对每个人都具有巨大的、令人惊讶的影响。这就是社会心理学的主题，而本书所探讨的群体动力强调的就是群体这种特定社会情境中的因素对人的行为的影响及其作用的机制。

全书共分为七个章节，介绍在群体概述的基础上的群体发展、群体互动、群体绩效、领导群体、群体中的个体行为以及群体研究的新动向。

参考文献与延伸阅读

Liberman, V., Samuels, S. M., & Ross, L. (2004). The name of the game: Predictive power of reputations versus situational labels in determining prisoner's dilemma game moves. *Personality and Social Psychology Bulletin*, 30(9), 1175-1185.

Ross, L. (1977). The intuitive psychologist and his shortcomings: Distortions in the attribution process. *Advances in Experimental Social Psychology*, 10, 173-220.

第一章

群体概述

　　真正的群体符合互动性、依赖性和目标认同三个标准。群体的主要特征包括角色、边界、规范、地位、权威。群体中的这些特征交织在一起便形成了群体动力。

第一节
群体的定义

一、群体的定义和判断标准

群体由两个或多个具有相同目标的长期互动、相互依赖的个体组成，群体成员认同自己是群体的一部分（Forsyth，2009）（图1-1）。群体具有以下三个判断标准。

① 互动性。群体中的个体是有互动的，通过言语或非言语的方式交换信息。

② 依赖性。群体中的个体也是相互依赖的，这种相互依赖可以体现在情感方面，

图1-1　真正的群体

也可以体现在任务完成方面。成员会在必要时为对方提供情感支持，有时为完成某任务彼此合作，共同努力。

③ 目标认同。群体的存在应有一定理由，群体中所有成员应拥有共同目标，并且成员具有群体认同感，认为自己和其他成员同属一个群体。

根据互动性、依赖性和目标认同三个标准，可以将真正的群体和纯粹的多人集合（如在同一个站牌下一起等车的一群陌生人）相互区分开来。需要说明的是，在理论和实践中，团队的概念经常与群体混用。具体而言，群体的概念相对松散和宽泛，而团队则强调对上述三个标准严格的满足。

二、研究群体的必要性

为什么要研究群体？

第一，在生活和工作中群体随处可见，个体常常处于各种群体之中。从心理层面上讲，个体想要融入群体，因为群体可以增强个体的安全感和归属感。从任务层面上讲，有些任务仅凭个人的力量是无法完成的，必须由群体完成。有时身处群体也能帮助个体更好地获益。当个体被某群体拒绝时，很可能会产生很痛苦的心理体验。总而言之，个体往往归属于一个甚至多个群体，研究群体十分必要。

第二，个体在群体背景下的心理和行为与独处时往往不同。例如，经典的社会助长（social facilitation）研究发现，当任务较为简单时，个体在有他人在场时的绩效表现比单独作业时更高（Zajonc, 1965）。特里普利特（Triplett, 1898）发现，自行车运动员在与其他选手一起比赛时的成绩比独自竞速时的成绩更佳。当然，他人的出现也有可能会造成个别成员的社会堕化（social loafing）现象（Karau & Williams, 1993; Latane, Williams, & Harkins, 1979），尤其当群体任务中个体绩效不易被精确评估时，个别成员可能会搭群体的"便车"，不付出努力却也能享受群体劳动的成果。"三个和尚没水吃"就是典型的社会堕化的结果。因此，群体心理学的研究有助于我们理解和预测人们在群体背景下的心理和行为。

为了更好地理解群体行为以及群体对个体的影响，我们有必要了解群体的特征。这些特征只有在群体的背景下界定才有意义。群体的主要特征包括角色、边界、规范、地位、权威，群体中的这些特征交织在一起便形成了群体动力。

一、角色

（一）角色的定义

角色（role）是在群体或团队中某个特定职位（非特定个体）被期望的行为总和。需要强调的一点是，这些期望并不是针对特定个体，而是针对特定职位。也就是说，一旦群体对某个职位的期望确定后，无论是谁来担任此角色，都必须按照期待行事。某个特定职位被期望的行为总和即塑造了一个角色。对角色的期望和规定可能来源于法律规范，也可能由组织和群体自身规定。

（二）角色的分类

不同的期望造就不同的角色。在任何一个群体中，随着时间的推移，都会涌现出各种各样的角色。不同学者对角色的分类方法是有所不同的。一种较为概括的方式是把所有具体的角色划分为帮助群体完成任务的工具型角色（instrumental role），以及提供情感支持和鼓舞士气的表达型角色（expressive role）。与之类似但更为详尽的分类方式是把角色分为任务型角色（task role）、维持型角色（maintenance role）和阻碍型角色（blocking role）（表1-1）。

表1-1　常见群体角色分类

类型	分类	描述
任务型角色	发起者	致力于提出目标，提出有关完成任务方式的建议，就完成一项任务的程序提出自己的想法
	信息搜寻者	寻找信息，了解关于特定问题的观点和建议
	信息提供者	就特定问题提供信息、观点和建议
	评价者	评估完成任务的方法、逻辑和结果
	总结者	任务完成后对任务过程和结果进行分析总结
维持型角色	协调者	调和群体成员间的矛盾冲突
	鼓励者	经常赞同、称赞其他成员，给予温暖
	看门人	努力使群体沟通得以顺利进行，并且尽量确保每位成员有同等的参与机会
	调停员	致力于弱化群体矛盾
阻碍型角色	支配者	维护权威和优势地位，喜欢支使他人
	阻碍者	否定论者，违抗群体的影响力，总是与群体作对
	侵略者	总是不赞成他人的行为、观点和情感，攻击群体
	分裂者	破坏、分裂群体

　　任务型角色，主要是促进团队任务完成的；维持型角色，其任务重在维系和增进群体成员间的关系；阻碍型角色，一定程度上阻碍了群体的发展和任务的完成。很多时候，这三大类角色会同时存在于一个群体中。例如，在西游记的"取经团队"中，孙悟空更多承担的是任务型角色；猪八戒则有时会由于贪婪和懒惰，攻击群体中的成员或者阻碍群体进程，因此在一定程度上扮演了阻碍型角色；沙和尚则经常在群体内部出现矛盾分歧的时候进行调和，担当团队中的维持型角色。

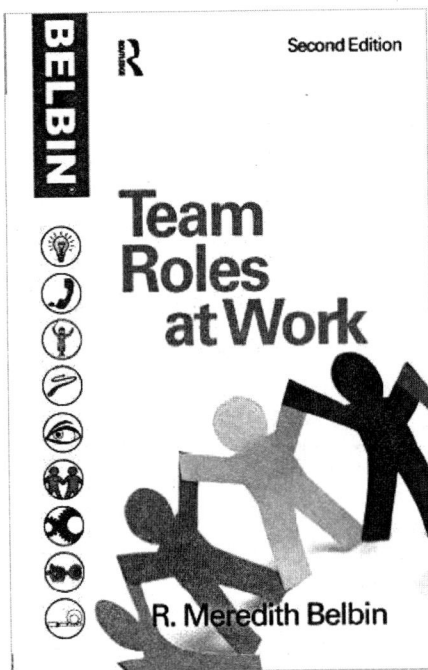

图1-2 《工作中的团队角色》

（三）团队角色理论

有很多研究者对团队中的角色进行了研究并提出了不同的理论，其中影响最为广泛的团队角色分类体系是团队角色理论（Belbin，2010）。

1. 团队角色的类型

团队角色理论最早是由英国管理学家梅雷迪斯·贝尔宾（R. M. Belbin）博士于1981年提出的。图1-2是贝尔宾的专著《工作中的团队角色》（*Team Roles at Work*）。剑桥大学产业培训研究部在贝尔宾的领导下做了9年的团队研究，其中心任务就是在不同的假设和设计前提下研究团队的构成。通过实验与观察，他们得到一个最核心的概念就是团队角色，认为在一个工作群体中每个成员都具有双重角色。其中一个是职能角色，即工作赋予个人的正式角色。职能角色是在一定职业或技术知识之上的，其行为是常规绩效的基础，职能角色扮演的优劣将和组织给予个人的报酬挂钩。另一个是功能角色（非正式角色），是由个体的个性决定的，即在工作中自然表露的、未被正式要求的角色。这类角色在团队当中对内部协调关系起到重要的作用。功能角色的定位不易明确，扮演的优劣不易评判，也不与个人报酬挂钩。但是对团队角色的研究表明，它的协调平衡是高效团队的必备条件之一。在实际研究与运用当中，团队角色已经被默认专指功能角色。

通过大量深入的实证研究，贝尔宾（1981）分析、筛选并确认了八个对于组建一个有效团队必不可少的八个角色：实干者（implementer），协调者（co-ordinator），推进者（shaper），资源发现者（resource-investigator），团队工作者（team worker），完成者（completor-finisher），监督者（monitor evaluator），创新者（plants）。1993年，又新加了技术专家（specialist）这一新的团队角色（Belbin，1993a），团队角色的类型划分及其特点见表1-2。

表1-2　团队角色的类型划分及其特点（Belbin, 1993b）

团队角色	特点	优势	劣势
实干者	保守、可控、遵守纪律、有效率、顽固、有条理、真诚、坚定、喜欢用系统的方法解决问题	遵守纪律、可靠、保守、有效率、能够将想法转变为实际行动	有点顽固、缺乏灵活性、对于未被证实的想法不感兴趣、有时阻碍变革
协调者	支配性、可信赖、外倾性、成熟、积极的、自控能力强、坚定、具有自我约束力	成熟、自信、优秀的主席、目标清晰、能促进决策、有很好的领导力	给人一种操纵别人的印象、有时将团队努力的成果归于自己
推进者	行事粗暴、焦虑、自大、具有竞争性、占据支配地位、急躁、情绪化、外倾、不耐心、冲动、活泼外向并且很自信	挑战性、有活力、抗压能力强、勇于面对困难	喜欢挑衅、易怒、容易触犯他人、缺乏人与人之间的相互理解
资源发现者	有外交手腕、占据支配地位、热情、外倾、灵活、有好奇心、乐观、有说服力、积极、放松、社交、坚定	外倾、交流家、能探索到机会、能发现新事物并获取信息	过于乐观、当最初的兴奋消失后容易对工作失去兴趣
团队工作者	外倾、宜人、忠诚、坚定、服从、助人、谦逊、无竞争力	具有合作性、温和、敏锐、有外交能力、倾听、建设性、避免摩擦、以和为贵	危机时刻优柔寡断
完成者	焦虑、认真、内向、自控力强、自律、服从、埋头苦干、尽职尽责	努力、有责任心、精益求精、力求完美、准时完成	过度焦虑、不愿授权
监督者	可靠、公平公正、内向、低热情、不限制改革、严肃、稳定、没有野心	冷静、有战略性、有洞察力、判断准确、纵观全局	缺少鼓舞他人的能力和热情
创新者	占据支配地位、有想象力、内向、有独创性、思想激进、容易相信别人、不受约束	有创造性、非正统、能解决难题	太专注以至于无法与别人进行有效交流
技术专家	专家、对别人的问题不感兴趣、自律、有效率、有能力	专心、主动性强、奉献、提供知识和技能	只专注于技术而忽略技能之外的因素、仅专注于学术

2. 团队角色平衡理论

贝尔宾提出，一个由九个团队角色构成的管理团队其工作绩效要优于那些由部分角色构成的团队。他认为，团队角色应该与功能角色相区别，功能角色更偏重于与工作有关的专业技术和操作知识。因此，拥有相同的功能角色的队员在团队当中可能拥有截然不同的团队角色。

贝尔宾经过大量的研究，总结出高绩效团队必须具备的五个条件，并得到了研究者的支持（Prichard & Stanton，1999）：①每位成员都通过一定的职能角色和团队角色为达成团队目标做出贡献；②职能和团队角色间需要达成一种最佳平衡，而这种平衡的具体状态取决于团队的目标和任务；③团队的效率取决于成员正确认识彼此的相对优势以及相互适应配合的程度；④成员的个性和智力状况使其适合某些角色而不适合另一些角色；⑤只有拥有完备且均衡的团队角色，团队才有可能高效运作，从而将其技术资源配置至最优。团队要想实现高绩效首先必须是角色齐全的，即其成员能够分担所有角色，这样才能满足成功因素的各方面要求。

贝尔宾的一个核心原则是"没有任何一个人是完美的，但一个团队可以做到完美"。他推崇团队中的平衡和多样性。他认为，如果一个团队要有效和成功的话，那么团队成员需要履行这九种角色。很明显，并不是所有的团队都由九个人组成、每个人都负责不同的角色，每个人往往可能需要履行两种或三种角色（并且希望团队成员各自期望承担的角色彼此不同）。正如贝尔宾所说的："用我的理论不能断言某个群体一定会成功，但可以预测某个群体一定会失败。所以，一个成功的团队首先应该是这九种角色的综合平衡。"

（四）角色问题

当群体中的角色清楚独立时，群体的整体功能才是良好的。如果角色出现问题，很容易引起成员的焦虑感，以至于降低群体绩效。一般而言，常见的角色问题有角色冲突和角色模糊（Kahn，Wolfe，Quinn，Snoek，& Rosenthal，1964；Rizzo，House，& Lirtzman，1970）。

1. 角色冲突

当个体接受相互矛盾的对自己行为的期待时，他将体验到角色冲突（role conflict）。这种冲突可能来自很多不同的渠道。根据矛盾和冲突的来源，可将角色冲突分为以下四类。

① 发送者内部角色冲突（intra-sender role conflict），是指同一个个体发送给接收者的信号存在冲突。例如，老板告诉员工要高质量地、仔细地完成一项工作，但又要求在两分钟之内完成。在这种情况下，员工往往会体验到发送者内部角色冲突。

② 发送者间角色冲突（inter-sender role conflict），是指同一个个体接收到不同发送者的信号间存在的冲突（图1-3）。例如，一个员工同时有两个上级领导，而两个上级给出的指示相矛盾。在这种情况下，员工往往会体验到发送者间角色冲突。

③ 角色间冲突（inter-role conflict），是指同一个个体承担组织中的不同角色引发的冲突（图1-4）。例如，某人一方面是公司的工程主管，另一方面兼任公司副总裁，当一项新的规定对工程部门的员工有利但是对组织整体利益有损时，个体往往会体验到角色间冲突。

图1-3 发送者间角色冲突　　　　　图1-4 角色间冲突

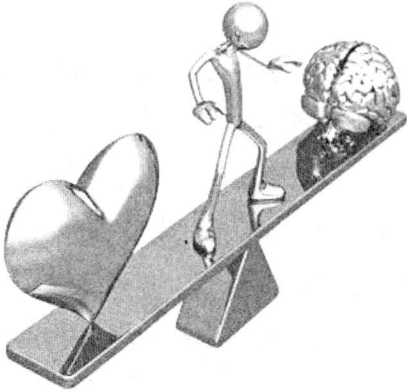

图1-5　个体—角色冲突

④ 个体—角色冲突（person-role conflict），是指角色被赋予的期待与角色承担者的个人期待或价值观相矛盾（图1-5）。例如，黑心商店要求员工贩卖过期食品，但员工个人的价值观认为这样做是不道德的。这时该员工往往会体验到强烈的个体—角色冲突。

2．角色模糊

还有一种常见的角色问题是角色模糊（role ambiguity）。在角色冲突的情境中，角色承担者明确各方面对自身角色的期待，但是这些期待彼此存在矛盾。而在角色模糊的情境中，角色的承担者根本不清楚所属群体对自己的行为期待究竟是什么。可能是由于有关此角色的信息本身就缺失，或者是由于缺乏明确的沟通，所以个体对角色期待模糊不明（Tubre & Collins，2000）。

二、边界

群体的边界就像一块地的围墙，让人们了解谁属于该群体，谁不属于该群体（Espinosa，Cummings，Wilson，& Pearce，2003）。边界界定了群体中的成员在其所属群体范围内可以依赖谁，并且表明了群体成员什么时候有必要超越群体的边界去寻求支持或资源（Marrone，2010）。

值得强调的是，群体既存在物理的边界，也存在心理的边界。物理的边界规定了成员身份，而心理的边界则界定了群体可以容忍的成员行为的偏离程度。如果群体发现其中某个成员跨越了群体可以接受的行为的边界，他们会采取相应的措施暗示、警告甚至惩罚个体，促使其对自身行为进行调整。如果个体不能及时调整自身行为，最终往往会被其他成员从心理上逐出群体。

三、规范

规范（norm）是群体成员公认的，用于控制群体成员行为的期望和规则。群体规范可以是正式的，也可以是非正式的。一些规范是由组织或群体明确规定的，如公司部门的规章制度；另一些规范是约定俗成而非官方规定的，如开会时迟到不能超过5分钟或领导总是最后一个表达态度。同时，群体规范可以是外显的，也可以是内隐的（Levine & Moreland，1990）。正式规范和一部分非正式规范属于外显规范，这些规范是群体成员容易意识到和明确了解的，另一部分非正式规范则是内隐的，它们实际存在但往往未被成员意识到，通常只有当规则被打破时人们才意识到有这样一个规范存在，并且有时仍不能明确表述出这个规则究竟是什么。

规范对群体而言十分重要。尽管有些规范不会被明文写出或者被公开地讨论，但是群体内的规范对群体成员的行为往往具有强有力的、自始至终的影响。如前文所言，规范是一种边界，个体一旦触及群体的心理界线，则有可能遭到群体的边缘化，因此对某群体的成员而言，了解群体规范非常必要。有人可能会问："如果说规范这么重要，那么我就应该知道，但通常规范又不会被明文写出或公开讨论，那么我该怎么了解一个群体的规范呢？"虽然存在很多非正式的或是内隐的规范，但想要通过社会线索（social cues）捕捉相关信息并不是难事。例如，一个新员工进入公司看到同事们"每个人都打着领带"，即使公司对员工穿着并无明文规定，他也会敏锐地发现公司员工公认的着装规范，这样就知道自己以后上班该穿什么样的衣服。因此，我们可以看出有时群体的局外人比群体成员更容易意识到该群体的规范，并且在观察到其他群体的规范后很可能会突然意识到自己群体的相关规范。例如，一个新员工以前在其他公司就职，现在刚进入新公司，在观察到同事们开会时都踊跃发言后，他突然意识到在自己以前的公司大家都是等领导询问后才表达自己的见解。

群体规范对成员的许多行为进行了约束，却并没有对成员的所有行为都进行控制和管理，群体规范只涉及那些群体觉得重要的行为。费尔德曼（Feldman，1984）指出了四类容易在群体中被执行的规范：①有助于群体持续存在的规范；②可以简化明确群体对成员行为期待的规范；③有助于群体避免尴尬人际问题的规范；④可表达群体核心价值并明确群体独特身份的规范。

四、地位

地位（status）是群体中个体的相对位置。与角色类似，地位也决定了相应的恰当的行为。一般而言，群体中地位较高的个体拥有更大的权力和影响力，地位较低的个体则服从于地位更高的成员。地位的决定因素存在着明显的文化特征。在一些东方国家，年龄是先天的地位标志，年轻人往往听从年长者；而在一些西方国家，并无明确的地位等级界限。

有时群体中的个体会有地位不一致（status incongruence）的现象，即群体中的成员认为自己应该具备的地位与实际具备的地位之间存在不一致。如果群体成员认为自己实际的地位低于自己本应具备的地位时，个体会感到沮丧；如果群体成员意识到自己实际的地位高于自己期待的地位时，个体会感觉到压力。这两种情况都可能会影响员工的工作绩效。

五、权威

权威（authority）是指使用权力和影响力的资格。权威和权力是不可分的，具有权威意味着具有某种权力。弗伦奇等人（French, Raven, & Cartwright, 1959）将权力划分为五种类型，这些权力在很大程度上构成了权威的来源。

① 奖赏权（reward power）：基于下属认为上司能够在他们表现优异时给予奖励。

② 强制权（coercive power）：基于下属认为上司能够在他们不服从时对他们施加惩罚。

③ 合法权（legitimate power）：基于下属认为上司有权力规定和控制他们的行为。群体情境中获得权威的来源之一是组织赋予的合法权威。

④ 威望权（referent power）：基于下属因上司的某些人格魅力而认同或钦佩上司。

⑤ 专家权（expert power）：基于下属认为上司在某领域具有丰富的经验和专业

的知识，如群体中某一专业领域的专家会由于其专业特长而具备专家权威。

上述五种权力类型中，前三种属于职位权力（position power），个体具有这项权力是由于被任命为某个职位，个体因为担任群体中某个正式职位而具有权力，从而获得权威；后两种属于个人权力（personal power），个体具有这项权力是由于具有某种个人特质，这样的权力同样使个体在群体中获得权威（Rahim，Antonioni，& Psenicka，2001）。

群体中同一个体可能具有多种权力从而具有权威，当不同来源的权威出现冲突时，群体往往会陷入混乱的权威动力（confused authority dynamics）。有时在实际工作中可能会出现这样的情况，一个年轻人被调到某部门担任一把手，而该部门原本资历更老的专家权威的存在通常会使群体内部的动力很难协调一致。例如，美国国家运输安全委员会规定商业飞机的机长年龄不能超过60岁，面临强制退休时有些资深的机长会决定转行当飞行工程师。尽管这些从前的机长在头脑中完全清楚自己现在权威的限度，但是以前的地位可能会使他们在与年轻的机长和副机长相处时形成混乱的权威动力，而这种混乱的动力往往会成为紧急状态下飞行事故发生的直接原因。

六、群体动力

群体中的角色、边界、规范、地位、权威是我们观察群体的一些常用维度。当这些维度相互交织、共同影响群体的行为时，我们需要借助群体动力（group dynamics）这一概念来描述这种复杂的、动态的、交互影响的过程。随着时间的推移，不同的群体会逐渐形成自身的群体动力的模式和特点。

哈佛大学心理系教授贝尔斯（Bales，2000）认为，任何一个行为都发生在一个更大的背景之中。任何一个行为都是一个相互影响的场（interactive field）的一部分。贝尔斯进一步指出，为了理解行为的模式并且为了成功地影响行为，我们需要理解行为所发生的更大的背景——个体的、人际的、群体的和外部的情境。

（一）场图

场图（field diagram）可以反映群体中每位成员的三种基本特征（维度）：①支配（dominance）—服从（submissiveness）；②友好（friendliness）—不友好（unfriendliness）；③接受权威（acceptance of authority）—不接受权威（non-acceptance of authority）。个体在三个维度上的差异是根本性的，因此，根据群体中其他成员的评价，每个群体成员都会在这三个维度上有得分。根据他们的分数，可以确定他们的形象在场图中的位置和大小。场图显示了成员之间的关系以及他们与群体情境之间的关系。

上述每个维度都是一个连续体上的两个极端。场图中有两条垂直相交的刻度轴，交点即场图的中点，是两条轴的原点。横轴表示友好—不友好维度，原点以右表示友好（positive，P），原点以左表示不友好（negative，N），轴的最右端和最左端代表友好—不友好维度的两个极端。纵轴表示接受权威—不接受权威维度，原点以上表示接受权威（forward，F），原点以下表示不接受权威（backward，B），轴的最上端和最下端代表接受权威—不接受权威维度的两个极端。

由于上述场图是平面图，原本属于第三个维度的支配—服从维度在平面场图中以象征圆圈的大小代表成员的支配—服从性。场图中的大圆圈代表支配（upward，U），小圆圈代表服从（downward，D）。需要特别注意的一点是，这三个维度是相互独立的，只知其中一个或两个维度的数据无法推断出余下维度的值。某成员可能被认为不接受权威，但并不妨碍他人认为其很友好，因此在分析场图时三者应综合考虑。

简言之，群体成员在场图中用圆圈来代表。成员在场图中的大小和位置取决于群体中所有成员对该个体的行为和价值观的评价。其中，支配性维度是用圆圈的大小来表示的，而友好维度和对权威的接收程度分别在场图中用纵坐标和横坐标表示。

（二）极化—统一理论

在详细介绍场图之前，我们先看一下场图背后的理论，即极化—统一理论。该理论用于解释人们在场图中的位置和大小以及集群关系。

所谓极化的倾向，是说人类倾向于将他们认为好的事物和不好的事物尽可能地拉开距离。由于场图代表着群体中的所有成员对每个成员的评价，因此，由这些评价所得到的群体成员之间的关系将会出现极化的现象，即好的成员和不好的成员会集中在不同的象限。在场图中，极化线就代表了这样一个现象，群体中的成员被归为两类、两个极端。

所谓统一，指的是人们倾向于将好的事物尽量紧密地聚集在一起，而将不好的事物尽量紧密地聚集在一起。在场图中，统一体现在好的成员紧密地聚集在参照圈（reference circle），而不好的成员则密集地集中在对立圈（opposite circle）。

（三）三种基本特征（三个维度）

下面我们来仔细分析一下图1-6的某群体场图示例。这个场图是贝尔斯曾经研究过的一个真实的团队，该团队由14个团队成员组成，其中WSH代表的是成员所认为的理想中的团队成员形象，而REJ代表的是成员所反对的团队成员形象。

① 支配—服从维度。在图1-6中，TED，BEV和ANN三个人比其他人的圈都要

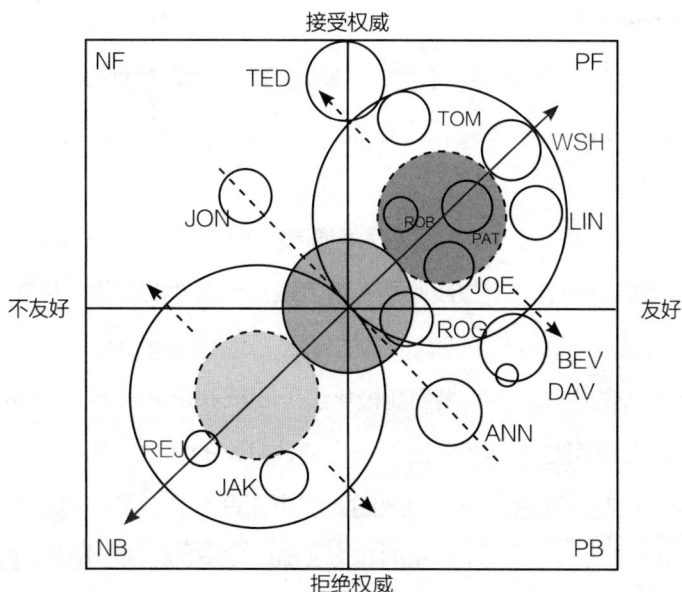

图 1-6　某群体场图示例（Bales，1999）

大，而TED是最大的，这说明该群体认为TED被群体成员感知为最具主导性的成员。ROB和DAV的圈最小，表明群体成员认为他们是最顺从的成员。

② 友好—不友好维度。自私的和自我保护的行为被认为是不友好的行为，而公平的、合作的和保护他人利益的行为被认为是友好的行为。在图1-6中，最友好的人是LIN，而JON和JAK被认为是自我中心的和个人主义的。

③ 接受权威—不接受权威维度。在图1-6中，TED和TOM被认为是最尊重权威以及权威所界定的团队任务的团队成员。TED和TOM的区别在于TOM更友好一些。相反，ANN和JAK对于权威所界定的团队任务漠不关心或者甚至可能是反对权威的。ANN和JAK的区别在于群体成员认为ANN是友好的。

（四）覆盖图

覆盖图（overlay）是依据群体成员象征圆圈和三个维度进一步加工而成的分析图。该图基于群体成员的行为特征，在一定程度上进行抽象整理，覆盖在原图之上，便于对群体进行更简明的分析。如图1-6所示，覆盖图包含以下几个部分。

① 两个彼此外切的大圆，其中大部分位于"接受权威&友好"象限的圆被称为参照圈，而大部分位于"拒绝权威&不友好"象限的圆被称为对立圈。

② 一条同时过两个大圆圆心的直线，线两头均有箭头，名为极化线（line of polarization）。

③ 一条垂直平分极化线的虚线，名为均衡线（line of balance）。

④ 每个大圆内分别有一个虚线圆圈，覆盖最具代表性的个体，称为核心圈（inner circle），而大圆以内小圆以外的部分则为边缘区（marginal area）。

⑤ 指向大圆外的虚线箭头，名为侧极化线（lateral line of polarization）。

不同群体的覆盖图是不尽相同的。一个绩效良好的团队，往往有更多的成员落入参照圈内，而不是对立圈内。在最有效的团队中，没有人会落在对立圈内。在这个例子中，PAT、ROB、JOE、TOM、LIN和ROG属于参照圈，而JAK属于对立圈。如果有多人落在对立圈内，那么对立圈可能会形成一个子群体，并且可能有自己的领导。

团队中还存在摇摆区（swing area），即处于参照圈和对立圈各自内部的核心圈中间的小圆圈，在场图的中央，与参考圈和对立圈的边缘区均部分相交。ROG在很大程度上落入了摇摆区。一般而言，顺从的成员如果落入摇摆区，他们将会非常纠结，实在不知道该投靠何方，因此他们希望自己能够在大家眼中消失；而其他成员在这个区域中可能很显眼，也可能很强势，但是他们给其他成员的信号是模糊的，参照圈和对立圈都不确定他们会扮演什么角色。

处于平衡线上的成员往往致力于协调双方的关系，但是当双方争端加剧的时候，平衡区上的成员也可能被当作替罪羊。在这个例子中，JON可能会成为替罪羊，而ANN可能成为两组之间的协调人。因为ANN可能在一定程度上被两方面所接受，而JON则被双方所离弃。

参照圈和对立圈内部也存在差异。那些更代表这个圈核心价值的成员被列为核心圈，如ROB，PAT和JOE，他们形成了一个合作的子群体。而TOM，LIN和ROG尽管在不同程度上被核心圈的人所接受，但是他们可能和核心圈的成员存在不同程度上的冲突，因此他们属于参照群体中的边缘区。边缘区的成员们有分裂的可能，因为他们的价值观可能存在比较大的差异，PAT的位置意味着他可能在一定程度上可以作为协调人缓和他们之间的矛盾，但并不确保可以缓解他们的矛盾，因此边缘区的成员有可能将参照群体分裂为两方面的势力，与极化线垂直的这两个对立的箭头的线就代表了这种分裂的危险。TOM很显然马上就要离开参照区，而TED显然已经处于参照区之外，而且很可能与BEV和DAV存在重大分歧与矛盾。

即使是非常有效的群体也往往有微弱的极化的倾向。在最有效的工作团队中，大多数成员落入右上角的象限——友好的、任务导向的区域。这个区域中的成员接受既有的权威以及群体的发展方向。贝尔斯的场图是一个非常有效的工具，帮助我们理解群体成员之间的关系及其行为。场图背后的极化—统一理论更是抓住了群体动力的一个核心特点，任何一个群体都存在分裂和统一的矛盾。

角色、边界、规范、地位、权威以及群体动力都是群体层次的现象，是群体具有的特征，这些特征将影响群体内部成员的行为。每个群体成员都无法逃脱这些群体特征对自己的影响。

群体研究的多水平模型

在了解了群体的特征之后，我们来介绍群体研究的模型。研究表明，群体及其成员的特征除受到成员个体因素的影响外，同时还受到诸如群体规模、性别构成、互动过程、规范和领导等群体因素以及组织氛围、组织文化等组织层面因素的影响（Bliese & Hanges, 2004; Kenny & La Voie, 1985; Mathieu, Maynard, Rapp, & Gilson, 2008）。然而大量群体研究没有考虑群体的层级本质特征（Chen, Bliese, & Mathieu, 2005; Hofmann & Gavin, 1998），建构的模型往往基于单一分析水平，如个体水平、群体水平或组织水平。为满足统计上的独立观察原则，研究者往往通过实验设计避免成员互动，或在统计中刻意忽略其他水平因素的影响。这样的操作一方面降低了群体研究的效度，把其他水平因素造成的误差混入残差项中，增大了统计推论的风险；另一方面也降低了研究挖掘数据中隐含的多个水平间变量关系的效力。

近30年来，随着群体相关理论的深入和统计技术的发展，群体研究者越来越关注真实的群体互动过程，在研究中倾向于采用包含两个及两个以上分析水平的研究设计。例如，陈等人（Chen, Bliese et al., 2005）分析了团队水平的动机过程与个体水平动机过程的同构关系；赫斯特等人（Hirst, Van Knippenberg, Chen, & Sacramento, 2011）探究了团队情境因素对个体水平上目标寻求与创造力之间关系的调节作用；巴里克等人（Barrick, Bradley, Kristof-Brown, & Colbert, 2007）发现高管团队的沟通和凝聚力能够正向预测组织的经济增速。

对于群体研究，多水平分析的思想既关注了数据本身，又有效地利用了隐藏在数据中的信息，即环境或群体效应，同时考察团队的微观、中观和宏观视角。与单一水平的研究设计相比，多水平设计在提高推论正确率的同时，能够有效地探究不同水平上变量间的关系，对于丰富和拓展群体知识、增进对群体活动规律的了解具有很大的优势，因此采用多水平设计必将成为群体研究的发展趋势。

本节我们将介绍群体研究中多水平设计的理论框架，列举群体研究领域中的四种多水平分析模型及其应用，并概括了群体多水平研究的发展趋势。

一、群体研究多水平设计的理论框架

多水平设计思想源于组织系统理论，即将群体看作一个动态的开放系统，群体拥有超越个体集合的涌现特征，同时群体又不断地与组织环境发生着交互作用。群体研究的多水平设计就是指基于群体的层级本质，在一个研究当中同时纳入两个或两个以上的分析水平，构建多水平分析模型（图1-7），试图将变量间的关系分解到不同的分析水平进行探究。受到组织系统理论的启发，群体研究的多水平设计主要关注三种形式的跨水平变量关系。

（一）聚合或突生关系

在图1-7中，路径1代表聚合或突生关系，即群体特征取决于个体特征的聚合，却不等同于个体特征的简单相加。换句话说，群体水平的构念特征不仅取决于个体水平构念的数值高低，还取决于个体水平构念的聚合方式。

变量聚合的方式可以按照高水平与低水平变量间关系的复杂程度，划分为简单构成关系（composition process）和复杂关联关系（complication process）。

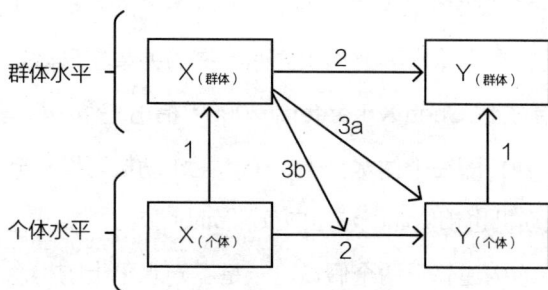

图 1-7　群体研究多水平设计的基本框架

简单构成关系假设个体水平的数据具有可比性（如顺序数据、等距数据、等比数据），且每个个体成员对高水平变量的贡献是相等的（Mathieu et al., 2008），在此基础上采用简单的统计规则对个体变量进行聚合来估计群体水平的变量，如采用个体数据的平均值或标准差来表示群体水平的变量。与简单构成关系不同，复杂关联关系代表高水平的变量并不是对低水平变量的简单描述性统计，高水平现象是低水平现象的复杂聚合而产生的突生状态（emergent state）。在这种关系中，个体水平的数据类型不再受限，也不再假设每个个体对群体水平变量的贡献相同，例如，团队绩效可能被团队中最没有竞争力的队员拖累，而不受群体成员能力均值的影响（Kozlowski & Klein, 2000）。

在群体研究中，采用不同的聚合方式进行模型建构将得到完全不同的结论。研究者结合前人研究，将各种形态的聚合关系划分到六类聚合模型当中，分别为分数模型（selected score model）、总结索引模型（summary index model）、共识模型（consensus model）、参考上升模型（referent-shift model）、分散模型（dispersion model）和聚合属性模型（aggregate properties model）。在不同的模型中，高水平变量的测量可能在高水平进行，也可能在低水平进行；高水平变量的分数可能取自于低水平分数的平均值、标准差，也可能取自低水平分数的极值（Chen, Bliese et al., 2005）。针对不同的理论假设，要根据情况选择合适的聚合模型和数据采集统计方法。

（二）多水平同构关系

在图1-7中，路径2代表多水平同构关系，即在不同的分析水平上构念之间存在着相似的关系。换言之，在个体水平上构念之间存在的关系在群体层面或组织层面仍然成立。例如，陈和坎费尔（Chen & Kanfer, 2006）指出工作动机与工作绩效之间的关系存在跨水平的相似性，即在个体水平上，个体工作动机可以正向预测个体绩效，同时在群体水平，团队动机也相似地能够正向预测团队绩效。

多水平同构关系的构建基于两个假设，一是不同水平上的构念之间需具有理论相似性，即基于路径1的存在要求变量及变量间的关系在不同水平上拥有相同的内涵；二是在多个水平上获取的变量间关系具有可比性，即变量拥有相同的可比较数据类型（顺序数据、等距数据、等比数据）。例如，在上例中，个人动机与团队动机、个人绩效与团队绩效之间具有高度的理论相似性，团队水平的变量可以由个体水平的变量聚合构成，在两个水平上所关注问题的实质皆为动机对绩效的影响，同时动机与绩效在两个水平上皆采用等距数据，变量间的关系具有可比性。

（三）跨水平影响关系

在图1-7中，路径3代表跨水平影响关系，即某一分析水平上的结果变量或变量间的关系受到来自其他分析水平变量的影响。这种关系有两种形式，一种是对结果变量的直接影响（路径3a），另一种则是对变量间关系的调节作用（路径3b）。同时，这种跨水平的影响可以是自上而下的影响，也可以是自下而上的影响，因此跨水平影响关系具有很多不同的类型。根据影响方向的不同，直接影响关系可以划分为向上影响关系和向下影响关系，分别表示在具有多个分析水平的整体中，不同水平变量间的自上而下的影响作用和自下而上的影响作用。跨水平调节作用也存在影响方向。虽然目前人们开始关注低水平变量对高水平变量产生的作用，但以往研究中仍然以关注自上而下影响的关系居多。

在多水平设计当中，以上三种形式的关系可以共存于一个模型之中，某一分析水平上变量间的关系也更为复杂，往往包含中介变量和调节变量，所有变量间都可能存在跨水平的相互关联，但其实质是对以上三种形式的关系的整合。群体研究者需要根据研究问题选择适当的分析水平，将变量间的关系分解到不同的分析水平之上。

二、群体研究多水平分析模型的主要类型

鉴于社会现实的复杂性与理论建构需求的多样性，群体研究中的多水平分析模型的建构非常灵活。不同类型的多水平分析模型解答的理论问题不同，对开展多水平研究的条件要求也不一样。以上述三种关系路径为基础，群体研究中主要有下述几种不同类型的多水平分析模型。

（一）多水平同构模型

多水平同构模型（multilevel homology model）重点关注不同分析水平上变量间关系的相似性，即考察理论在各分析水平上的普适性。此类模型要求图1-7中的路径1和路径2同时存在，且要求不同水平的变量之间具有相同的或相似的意义。

以陈等人（Chen, Thomas & Wallace, 2005）的研究为例。该研究对效能感、自我监控和绩效之间的关系进行多水平检验，考察以上三个变量间的中介关系是否在个人和群体分析水平上同时成立。研究者首先将研究划分为个体和群体两个研究水平，并在不同的研究水平上对考察的构念进行了定义。自我效能（self-efficacy）指相信个人的能力能够完成某项任务或达到某个要求。群体效能（collective efficacy）指一个群体共享的组织能够完成某项任务的信念。自我效能和群体效能之间的聚合并非简单相加，而是在对两个因素的测量过程中采用参考上升模型，参照标准从"我"变成了"我们"，因此同一构念在两个水平上的变量需要分别测量。同样地，作为中介变量的自我监控以及作为因变量的任务绩效也分别进行多水平的构建与测量。结果表明，效能感能够有效预测绩效，而这种关系是通过自我监控的中介发生的，这种关系同时存在于个体水平和群体水平。此研究中个人和团队水平具有相似的理论，多水平同构模型能够概括各个水平的模型，见图1-8。

建立同构模型的关键在于建构多水平构念，将需要研究的构念关系分配到不同的分析水平进行定义和检验。

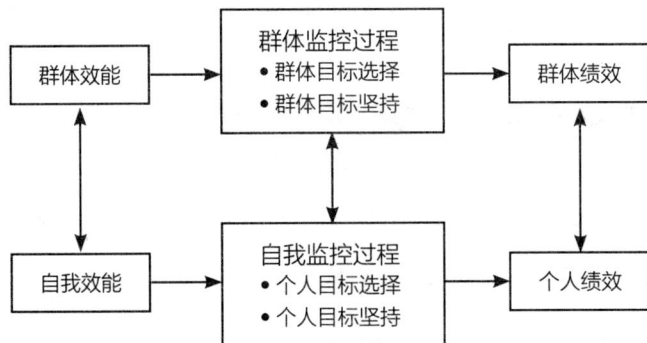

图 1-8 多水平同构模型

（二）向上/向下影响模型

向上/向下影响模型（upward influence/downward influence model）关注某一水平上的中介变量或结果变量所受到来自其他水平变量的影响。此类模型在关注图1-7中的路径1的基础上还关注路径3a。有研究者进行了领导、授权及绩效间关系的多水平研究，希望在真实情境中，在个人和团队水平上了解领导、授权及绩效之间的关系（Chen, Kirkman, Kanfer, Allen, & Rosen, 2007）。该研究对参与研究的31个商店的62个团队共445名普通成员以及62名团队领导者和31名经理进行了领导、授权和绩效的测量。

领导者在群体水平上的指标为领导氛围（leadership climate），在个体水平上的指标为领导—成员交换（LMX）；授权和绩效的测量也分群体和个人两个水平。结果显示了在个体水平和群体水平上变量间的显著关系（图1-9）：在个体水平上，领导—成员交换与个人绩效间之间呈正相关，而个人授权起到中介作用；在群体水平，团队领导力与团队绩效间也呈正相关，而团队授权同样起到中介作用。除了以上路径1和路径2的关系外，个体与群体水平间还存在跨水平影响关系：团队授权对个人授权有直接的正向影响，同时团队授权在个人授权对个人绩效的影响中起调节作用。这里，团队授权对个人授权的影响就是向下影响。

向上影响模型与向下影响模型类似，只是影响的方向是从低水平变量指向高水平变量。但在建构向上影响模型的过程中，要尤其注意避免与聚合突生模型（emergence model）发生混淆。两种模型均涉及变量从低水平向高水平的的作用，但不同的是聚合

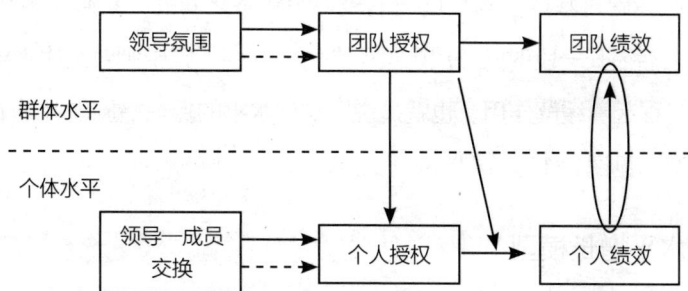

图 1-9　多水平向下影响模型

突生模型要求影响与被影响的两个水平上的构念必须存在内在一致性的联系，因此，聚合突生模型是一种特殊的向上影响模型。如图1-10所示，个体水平的X变量对群体水平的某一个变量（X，Y，Z…）有影响，称之为向上影响模型；而只有当个体水平的X变量对群体水平的X变量有影响时才被称为聚合突生模型。

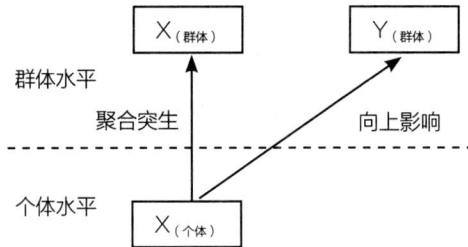

图 1-10　聚合突生模型与向上影响模型

（三）跨水平调节模型

跨水平调节模型（cross-level moderation model）关注同一水平变量间的关系受到其他水平变量的调节作用（图1-7中的路径3b）。此类模型中往往也包含图1-7中的路径1和路径2，并与向上/向下影响关系共存，如上例中团队授权对个体授权存在向下影响作用的同时，还对个人授权与个人绩效间的关系存在调节作用。

以巴卡拉克等人（Bacharach & Bamberger，2007）对应激事件和事后保护的研究为例，研究发现，参与过"9·11"事件救援的纽约消防员因不同程度的参与，事后出现了不同程度的创伤后应激障碍，进而导致了消极的情绪状态。在个体水平上，创伤后应激障碍对救援参与程度与消极情绪状态之间的关系起到中介作用；而在"9·11"事件之后很长一段时间，消防员所在群体的保护氛围则对个体水平的"参与—应激—消极"过程起着缓解作用。也就是说，群体水平的保护措施能够对个体水平的不良反应进行调节，见图1-11。

（四）多水平增长模型

随着群体研究理论的发展，研究的分析水平已经不再局限于横断的个体、群体

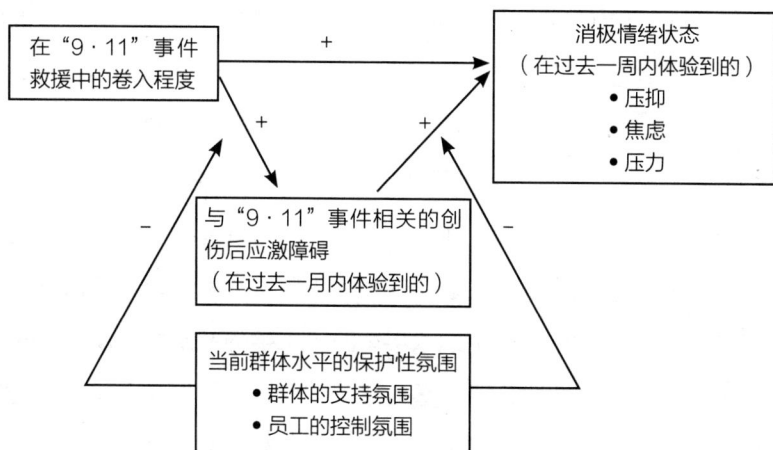

图 1-11 跨水平调节模型

和组织三个层级的划分，而是延伸到了对时间和节奏在群体互动过程中所发挥作用的探讨（Ballard, Tschan, & Waller, 2008）。伊尔根等人（Ilgen, Hollenbeck, Johnson, & Jundt, 2005）在输入—中介—输出（input-mediator-output, IMO）模型对团队层级水平划分的基础上，考虑了时间发展在团队互动过程中发挥的作用，前一时段的互动结果随即成为下一阶段的输入变量，对整个团队产生影响，发展成为输入—中介—输出—输入（input-mediator-output-input, IMOI）模型。马克斯等人（Marks, Mathieu, & Zaccaro, 2001）提出了基于时间框架的团队过程模型，将团队看作一个能够同时执行多个任务的单元，将团队过程看作为完成团队最终目标而存在的各个阶段，团队过程在每个阶段中都是一个输入—过程—输出（inputs-processes-outcomes, IPO）过程。IMOI模型和基于时间框架的团队过程模型揭示了团队互动过程的动态循环实质，证明了时间和节奏在群体研究中的重要性。

在考察时间和节奏的群体多水平研究当中，除了要求构建个体、群体、组织三个分析水平之外，还需要考察各个变量随时间变化的情况，即把各个水平上变量在不同时间的取值作为低一层级的分析水平进行研究，这类与时间发展相关的模型被称为多水平增长模型（multilevel growth model）。

多水平增长模型是描述变量间关系随时间发展的重复测量模型，关注变量间关系是否会随着时间推移而有所变化，即将时间作为一个预测变量进行研究。相当于在设计中采用图1-7中的路径1和路径2，只是变量分析的水平划分更加复杂，将对变量多次测量的结果作为低层级的变量进行处理，然后检验个体内水平的变量间关系是否在个体水平上稳定存在，或是变量间关系是否会随着时间推移发生显著变化。

在实际研究中，多水平增长模型往往与跨水平调节模型共存，构建出更加复杂的多水平分析模型。以对团队中新来者适应的多水平研究为例，研究建构了三个层次的分析水平：个体水平、群体水平和组织水平。三个水平的变量均涉及不同时间点的多次测量（Chen，2005）。新来者的个体适应这一构念被界定为在个体的重复测量水平通过测量个体适应性绩效的变化来获得，即对新来者初始绩效和新来者绩效提升两个变量的测量；同时，研究者对群体水平和组织水平的变量也进行了重复测量。研究中涉及的变量间关系既包括自上而下的影响，也包括自下而上的影响。该研究通过构建多水平增长模型，来检验以上关系是否会是随时间推移而发生显著变化。

近年来，多水平分析思想被越来越多的研究者采纳，尤其在教育、卫生、社会等研究领域，多水平分析已成为主流的研究设计思想；同时，多水平分析的思想和统计技术也日趋成熟、完善，形成了一系列模型建构和数据分析框架，研究者可以提出更加精细的问题，深入剖析社会与心理现象的规律。然而在群体领域，多水平分析思想的应用还相当不足，研究中个体归因偏好依然相当普遍，研究者一贯倾向于采用个体水平的规律解释群体现象。群体研究亟须采用多水平分析视角，以提高研究结果的生态效度和推论的准确性。

参考文献和延伸阅读

Rahim, M. A., Antonioni, D., & Psenicka, C. (2001). A structural equations model of leader power, subordinates' styles of handling conflict, and job performance.

International Journal of Conflict Management, 12(3), 191-211.

Bacharach, S. B., & Bamberger, P. A. (2007). 9/11 and New York city firefighters' post hoc unit support and control climates: A context theory of the consequences of involvement in traumatic work-related events. *Academy of Management Journal,* 50(4), 849-868.

Bales, R. F. (1999). *Social interaction systems: Theory and measurement.* New Brunswick, NJ: Transaction Publishers.

Ballard, D. I., Tschan, F., & Waller, M. J. (2008). All in the timing considering time at multiple stages of group research. *Small Group Research,* 39(3), 328-351.

Barrick, M. R., Bradley, B. H., Kristof-Brown, A. L., & Colbert, A. E. (2007). The moderating role of top management team interdependence: Implications for real teams and working groups. *Academy of Management Journal,* 50(3), 544-557.

Belbin, R. M. (1981). *Management teams : Why they succeed or fail.* London: Heinemann.

Belbin, R. M. (1993a). A reply to Belbin team-role self-perception inventory by Furnham, Steele and Pendleton. *Journal of Occupational and Organizational Psychology,* 66(3), 259.

Belbin, R. M. (1993b). *Team roles at work.* Oxford: Butterworth Heinemann.

Belbin, R. M. (2010). *Team roles at work* (2nd ed.). London: Routledge.

Bliese, P. D., & Hanges, P. J. (2004). Being both too liberal and too conservative: The perils of treating grouped data as though they were independent. *Organizational Research Methods,* 7(4), 400-417.

Chen, G. (2005). Newcomer adaptation in teams: Multilevel antecedents and outcomes. *Academy of Management Journal,* 48(1), 101-116.

Chen, G., Bliese, P. D., & Mathieu, J. E. (2005). Conceptual framework and statistical procedures for delineating and testing multilevel theories of homology. *Organizational Research Methods,* 8(4), 375-409.

Chen, G., & Kanfer, R. (2006). Toward a systems theory of motivated behavior in work teams. *Research in Organizational Behavior,* 27, 223-267.

Chen, G., Kirkman, B. L., Kanfer, R., Allen, D., & Rosen, B. (2007). A multilevel study of leadership, empowerment, and performance in teams. *Journal of Applied Psychology,* 92(2), 331.

Chen, G., Thomas, B., & Wallace, J. C. (2005). A multilevel examination of the relationships among training outcomes, mediating regulatory processes, and adaptive performance. *Journal of Applied Psychology,* 90(5), 827.

Espinosa, J. A., Cummings, J. N., Wilson, J. M., & Pearce, B. M. (2003). Team boundary issues across multiple global firms. *Journal of Management Information Systems,* 19(4), 157-190.

Feldman, D. (1984). The development and enforcement of group norms. *Academy of Management Review,* 9(1), 47.

Forsyth, D. R. (2009). *Group dynamics.* South Melbourne, Victoria.: Cengage Learning.

French, J. R. P., Raven, B., & Cartwright, D. (1959). The bases of social power. In D. Cartwright (Ed.), *Studies in social power.* Ann Arbor, MI: Institute of Social Research, 150-167.

Hirst, G., Van Knippenberg, D., Chen, C.-H., & Sacramento, C. A. (2011). How does bureaucracy impact individual creativity? A cross-level investigation of team contextual influences on goal orientation–creativity relationships. *Academy of Management Journal,* 54(3), 624-641.

Hofmann, D. A., & Gavin, M. B. (1998). Centering decisions in hierarchical linear models: Implications for research in organizations. *Journal of Management,* 24(5),623-641.

Ilgen, D. R., Hollenbeck, J. R., Johnson, M., & Jundt, D. (2005). Teams in organizations: From input-process-output models to IMOI models. *Annual Review of Psychology,* 56, 517.

Kahn, R. L., Wolfe, D. M., Quinn, R. P., Snoek, J. D., & Rosenthal, R. A. (1964). *Organizational stress: Studies in role conflict and ambiguity*. New York: Wiley.

Karau, S. J., & Williams, K. D. (1993). Social loafing: A meta-analytic review and theoretical integration. *Journal of Personality and Social Psychology,* 65(4), 681.

Kenny, D. A., & La Voie, L. (1985). Separating individual and group effects. *Journal of Personality and Social Psychology,* 48(2), 339.

Kozlowski, S. W. J., & Klein, K. J. (2000). A multilevel approach to theory and research in organizations: Contextual, temporal, and emergent processes. In Katherine J. Klein & Steve W. J. Kozlowski(Eds.), *Multilevel theory, research, and methods in organizations: Foundations, extensions, and new directions*. San Francisco: Jossey-Bass.

Latane, B., Williams, K., & Harkins, S. (1979). Many hands make light the work: The causes and consequences of social loafing. *Journal of Personality and Social Psychology,* 37(6), 822.

Levine, J. M., & Moreland, R. L. (1990). Progress in small group research. *Annu. Rev. Psychol.*, 41, 585-634.

Marks, M. A., Mathieu, J. E., & Zaccaro, S. J. (2001). A temporally based framework and taxonomy of team processes. *Academy of Management Review,* 26(3), 356-376.

Marrone, J. (2010). Team boundary spanning: A multilevel review of past research and proposals for the future. *J. Manag.*, 36, 911-940.

Mathieu, J., Maynard, M. T., Rapp, T., & Gilson, L. (2008). Team effectiveness 1997-2007: A review of recent advancements and a glimpse into the future. *Journal of Management,* 34(3), 410-476.

Prichard, J. S., & Stanton, N. A. (1999). Testing Belbin's team role theory of effective groups. *Journal of Management Development,* 18(8), 652-665.

Rizzo, J. R., House, R. J., & Lirtzman, S. I. (1970). Role conflict and ambiguity in complex organizations. *Administrative Science Quarterly*, 15(2), 150-163.

Triplett, N. (1898). The dynamogenic factors in pacemaking and competition. *The American Journal of Psychology,* 9(4), 507-533.

Tubre, T. C., & Collins, J. M. (2000). Jackson and schuler (1985) revisited: A meta-analysis of the relationships between role ambiguity, role conflict, and job performance. *Journal of Management,* 26(1), 155-169.

Zajonc, R. B. (1965). *Social facilitation*. Ann Arbor, MI: Research Center for Group Dynamics, Institute for Social Research, University of Michigan.

第二章

群体发展

群体发展就是群体为了完成其主要任务在生命周期内经历的轨道。已有的群体发展研究可以分为两类模型：一类是群体发展的阶段模型（stage model）；另一类是群体发展的时间模型（temporal model）。

> **第一节**
> # 阶段模型

一、塔克曼的群体发展阶段模型

（一）模型概述

阶段模型最早由塔克曼（Tuckman，1965）在他的《小群体的发展次序》（*Developmental Sequence in Small Groups*）一文中提出。塔克曼从人际关系和任务活动两个方面，对心理治疗群体、人际关系培训群体以及自然或实验室任务群体研究领域的55篇与小群体发展阶段有关的文章进行回顾，提出了一个群体生活随着时间发展而变化的一般模型。群体成员行为的方式以及彼此的关系被看作群体的结构或人际关系方面；互动的内容中与任务有关的方面被称为任务活动方面。这两个方面代表了群体功能同时发生的不同侧面，因为人们正是在彼此的互动过程中完成任务的。

就人际关系方面而言，在不同的情境中，群体将经历以下四个发展阶段：①检验与依赖（testing and dependence）；②群体内冲突（intragroup conflict）；③群体凝聚力的形成（development of group cohesion）；④功能性角色关系建立（functional role relatedness）。就任务活动方面而言，群体将经历以下四个发展阶段：①任务定位（orientation to task）；②对任务要求的情感反应（emotional response to task demands）；③公开交流对任务的相关解读（open exchange of relevant interpretations）；④产生解决方案（emergence of solutions）。

由于人际关系和任务活动在时间上存在对应关系，于是塔克曼将群体经历的四个阶段总结为：形成（forming）、震荡（storming）、规范（norming）和执行

（performing）（图2-1）。但是，他承认这只是一个基于已有研究数据的概念性的框架，需要进一步的实证检验。

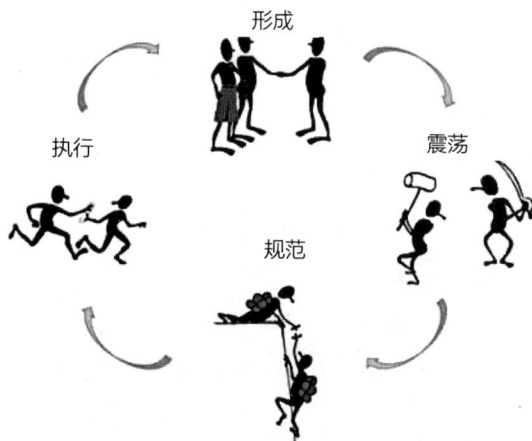

图2-1　群体发展阶段模型

随后，塔克曼和詹森（Tuckman & Jensen，1977）在《小群体的发展阶段再思考》（*Stages of Small-Group Development Revisited*）一文中对10年间试图直接或间接验证上述四阶段模型的22个研究进行了回顾，并在此基础上加入了最后一个阶段"解体阶段"（adjourning）。这样，塔克曼正式完成了他的群体发展的五阶段模型。下面我们将详细介绍塔克曼的五阶段模型。

（二）群体发展的五个阶段

1. 形成阶段

群体一开始关注定位问题（orientation），这个问题的解决主要是通过试探（testing）完成的。这种试探用于识别人际行为和任务行为的边界。在人际关系领域，与这种试探同时发生的是与领导、其他群体成员或者以前存在的标准建立起的依赖关系（dependency relationship）。可以认为，定位、试探以及依赖关系的建立共同构成了群体形成的过程。

2. 震荡阶段

群体随着时间发展而经历的第二个阶段充斥着与人际问题有关的冲突和两极分

化，同时伴随着任务领域的情绪化反应。这些行为可以被看成是对群体影响和任务要求的反抗，因此可以被称为震荡阶段。

3. 规范阶段

在第三个阶段，上述对群体和对任务的抗拒得到了克服。因为在这个阶段内群体感情和凝聚力逐渐形成，新的标准得以确立，并且新的角色得以确定，在任务领域个人的观点得以表达，因此群体进入了规范阶段。

4. 执行阶段

最后，群体步入了第四个也是最后一个阶段。在这个阶段，人际关系结构成为任务活动的工具。角色变得灵活和功能化，群体的能量导向任务的完成，结构性问题已经得到了解决。现在，对于任务而言，结构成为支持性的而不是破坏性的。这个阶段被称为执行阶段。人际关系问题成为群体的过去，而在这个阶段，群体全力以赴解决手头任务面临的现实问题。这种独立和现实是群体成熟的标志。

很少有群体在形成的开始就能够马上生产，相反，生产常常要等到群体成熟时。群体的种类很多，如会议群体、工厂及电器组装团队、工作坊团队、探险队等，它们都是在群体生命周期的后期才表现得越来越高效（Hare & Naveh, 1984）。一个群体越成熟，那么它花费在工作上的时间也会越多，而花费在人际交往、制定目标和争论上的时间就会越少。研究者在编码群体互动内容的时候发现，任务导向的行为往往更多出现在群体形成后期而不是群体生命周期的开始（Bales & Strodtbeck, 1951）。

然而不是所有的群体都能够到达这一阶段。一项早期作战单元的调查发现，63个群体中只有13个能被称为有效率的绩效单元（Goodacre, 1953）。分析18个成长群体的研究发现，只有5个群体能够到达执行阶段（Kuypers, Davies, & Glaser, 1986）。这些研究表明，尽管时间不能保证群体一定能够有效产出，但是发展一个工作导向的群体是需要时间的（Gabarro, 1987）。

5. 解体阶段

一个群体最后进入解体阶段是计划中的或是自发的。解体主要发生在群体完成它的目标或耗尽它的资源和时间的情况下。当群体不能够重复实现它的目标时，成员或外部力量会觉得维持这个群体是在浪费时间和资源。在另一些群体中，成员可能找不到群体，或者群体的目标不足以满足成员的需要。当群体成员感到其他群体更具吸引力或没有人愿意加入这个群体的时候，那么成员很可能会让当前的这个群体解散（Rusbult & Van Lange，2003）。

这个阶段中，工作任务完成，群体开始准备解散，高绩效不再是压倒一切的首要任务，群体的注意力放到了收尾工作上。这个阶段群体成员的反应差异很大，有的很乐观，沉浸在群体成就中；有的则很悲观，惋惜在共同的群体工作中建立的友谊关系不能再像以前那样继续下去。

简单地讲，形成阶段就是走到一起，成为一员；震荡阶段就是内部冲突和领导的确立；规范阶段就是达成共识，形成凝聚力；执行阶段是完成任务，实现目标；解体阶段就是准备解散和新的开始。阶段模型的主要过程和特点如表2-1所示。

表2-1 群体发展的阶段模型

阶段	主要过程	特点
定位：形成	成员对群体以及成员彼此之间越来越熟悉；依赖和卷入；接受领导和群体的一致性	试探性的礼貌交流；群体目标、中心不明确；领导是积极主动的，成员很顺从领导
冲突：震荡	过程存在分歧；表达不满；成员之间关系紧张；与领导对抗	批判的思想；敌对状态；极化与联盟形成
结构：规范	凝聚力和团结的增长；角色、标准、关系的建立；信任和交流的增加	过程达到一致；角色的模糊性减少；群体性质的概念增加
工作：执行	目标达成；高任务相关性；强调绩效和生产	决策讨论；问题解决；合作方式成熟
解散：解体	角色终止；任务完成；依赖性减少	分解与退出；独立性和情绪性增加；感到遗憾

运用这一模型解释群体形成时，人们大多会假设群体从第一阶段发展到第四阶段，群体会变得越来越有效，但是有关群体有效的因素远比这个模型涉及的因素复杂得多。群体并不总是能明确地从一个阶段发展到下一个阶段，事实上，有时会几个阶段同时进行，如震荡和执行阶段。群体甚至可能会回归到前一个阶段。因此，即使是这个模型的强烈支持者，也没有假设所有群体都能够严格地按照五阶段或四阶段发展。

二、其他学者提出的阶段模型

在塔克曼等人提出阶段模型之后，其他学者提出的团队发展的阶段模型也延续了类似的模式。黑尔（Hare，1976）认为团队发展可以分为：界定情境（define the situation），形成新技能（develop new skills），形成恰当的角色（develop appropriate roles），完成工作（carry out the work）。拉库里埃（Lacoursiere，1980）提出五阶段模型，包括定向（orientation）、不满（dissatisfaction）、决定（resolution）、生产（production）和中止（termination）。随后，麦格拉思（McGrath，1984）提出四阶段模型，包括：提出计划、观念和目标（generate plans, ideas and goals）；就选项、目标和政策达成一致（choose/agree on alternatives, goals and policies）；解决冲突和形成规范（resolve conflicts and develop norms）；从事任务并保持凝聚力（perform action tasks and maintain cohesion）。

从以往研究者提出的阶段模型中可以发现，所有的阶段模型都表现出相同的三个阶段，即卷入（inclusion）、控制（control）和情感（affection）。而且，在团队发展的不同阶段，团队成员都会表现出索取/奉献（get/give）的变化，即作为一个团队成员，你在多大程度上想到从团队中得到些什么以及在多大程度上想将自己奉献给团队。同一个成员，在团队形成的初期和团队发展成熟的不同阶段，想要从团队中得到的和想将自己奉献给团队的程度都会有所变化。同样地，不同的成员，在团队发展的同一个阶段，也可能表现出想要从团队中索取和为团队奉献的程度差异。

一般而言，在团队形成的初期，团队成员往往更多地希望能够从团队中获取些什么，但是随着团队的发展和共鸣，更多的团队成员逐渐转化为将自己投身于团队并希望实现团队的目标和任务。但是，并不是所有的团队都可以达到这样的阶段。

三、哈克曼的团队发展一般模型

在已有阶段模型的基础上，哈佛大学心理系的理查德·哈克曼教授（图2-2）总结了一个团队发展的一般模型（表2-2）。

表2-2　团队发展的一般模型

阶段	团队中的实时（live）问题				过程中涌现的结构
	个体	人际	团队任务	群际关系	
卷入	成员身份，包括在团队中的位置以及对团队的承诺	依赖，尤其是相对于外在权威	定位：了解工作任务的细节和期待	明确自己团队与其他团队之间的差别：我们是什么而不是什么；谁是自己人而谁不是自己人	团队的边界结构，沟通结构开始逐渐建立
控制	个体影响力的大小以其方向	群体内部权力和影响力的冲突	组织：决定谁在什么时候做什么事情，也就是一个团队内部的人事组织问题	在这个阶段其他团队往往被忽视；有些团队也可能会给自己设定某个成功的团队作为楷模	影响和服从的结构
情感	是否被接受为团队内有价值的个体	凝聚力：团队成员间的亲密程度不太强也不太弱	执行：在已经确立的结构内执行任务	与其他群体竞争	情感或社会人际结构
成长	在团队内探索和尝试新的观念、态度和行为	团队成员之间相互支持和真正地相互依赖	适应性问题解决（对环境敏感）	与其他团队合作	团队内部僵化的、终身制的结构消亡

如果我们从卷入（including）、控制（control）、情感（affection）和成长（growth）四个阶段来看待所有团队的发展过程的话，那么在不同阶段，就个体、人际、团队任务和群际关系而言，不同的层次所解决的团队中的现实问题有所变化。

（一）卷入阶段

在卷入阶段，个体层次的问题是成员身份的问题，包括在团队中的位置以及对团队的承诺；人际层次的问题是依赖关系的问题，特别是相对于外在权威；就团队任务而言，在这个阶段主要是了解工作任务的细节和期待；就群际关系而言，在这个阶段主要是明确自己团队与其他团队

图 2-2　理查德·哈克曼（1940—2013）

之间的差别，谁是自己人，谁不是自己人，等等。在这个过程中涌现出来的结构是团队的边界结构，同时团队内的沟通结构（communication structure）逐渐形成。

（二）控制阶段

在控制阶段，个体层次的问题是个体的影响力的大小及其方向；人际层次易于出现的问题是群体内部权力和影响力的冲突；就团队任务而言，这个阶段要解决的问题是决定谁在什么时候做什么事情，也就是一个群体内部的人事组织问题；就群际关系而言，在控制阶段，其他团队往往被忽略，有些团队也可能会给自己设立某个成功的团队作为楷模。在这个阶段，团队内部的成员之间影响和服从的结构逐渐形成。

（三）情感阶段

在情感阶段，个体层次的问题是个体是否被接受为团队内有价值的个体；人际层次的问题是凝聚力，从团队完成任务的有效性角度考虑，团队内部的凝聚力不宜过大也不宜过小；就团队任务而言，团队开始与其他团队竞争，大家可以看到在团队成员尚未完全融入、团队内部的影响和服从关系还没有确定时，团队是难以专注于任务完成以及与其他团队竞争的。相应地，在这个阶段将逐渐形成情感或社会人际结构。

（四）成长阶段

在成长阶段，并不是每个团队都可以经历这个阶段。到达这个阶段，就个体层次而言，团队成员个体感觉到团队内部的心理安全感，因此愿意在团队内探索和尝试新的观念、态度和行为；就人际层次而言，团队成员之间形成支持和真正的相互依赖关系；就团队任务而言，团队能够采取适应性的问题解决方式，所谓适应性的问题解决方式，即能够应对环境中的要求和挑战并针对性地做出反应；就群际关系而言，团队开始致力于与其他团队合作。在这个阶段，团队内部僵化的、终身制的结构消亡了。

团队的发展是不可避免的，尽管不同的阶段模型其具体的阶段命名彼此有所差异，但是所有的阶段模型也存在共同之处。阶段模型假定，团队发展的阶段是依次推进的，团队如果没有经历阶段1的话，就不可能经历阶段2、阶段3、阶段4。因此，研究者将团队的发展看作一个不断向前的过程，并且认为每个团队都遵循同样的历史道路。环境可能会限制系统发展的能力，但是环境的变化不可能改变发展的阶段及顺序。

> **第二节**
> # 时间模型

一、时间模型概述

团队发展的时间模型由捷西克（Gersick，1988）在阶段模型的基础上提出，并在他的研究中得到了验证。捷西克提出的时间模型开始于对已有阶段模型的质疑。他对阶段模型相关文献的研究发现，阶段模型的实证支持往往来自咨询或培训团队，这种团队往往是在培训过程中临时组成的，没有外在的监督；团队成员以个人成长为目的而没有特定的任务，团队的任务完成情况不需要接受外在的评价，团队任务的完成也没有严格的截止日期。因此，培训团队在团队发展过程中表现出的阶段性并不一定适用于组织中大量存在的、往往有外在领导和监督的任务型团队。捷西克的研究表明，团队为完成任务所选择的行为尽管大相径庭，但是团队工作方式形成、保持和改变的时间选择是高度一致的。

这种模型认为，以接近中点的某个时间作为分水岭，团队发展的过程基本上可以划分为两个平衡阶段，在第一阶段中的团队运行方式与第二阶段有着明显的不同。在第一阶段，团队运行处于一个平衡阶段。团队首先界定任务、确定目标，并且这些在第一阶段中不容易发生改变。即使有的团队成员有新想法提出，大多也不会被付诸行动。当团队发展到它的生命周期的中间阶段时，就进入效率更高的第二阶段——新的平衡阶段。这时，群体成员感到时间的压力和完成任务的紧迫，他们认识到必须采取行动，必须对原有运行方式做出某些改变，于是团队放弃旧的思维方式，采纳新的见解。这一阶段到最后，团队以冲刺的方式迅速完成任务。

在这个时间模型下，每个群体在一开始都针对自己的任务采取独特的方式，并且在给其分配的一半时间里都保持这种方式。然后，所有的群体又经历了一次重大的转变。在这个集中变化的阶段，群体抛弃了旧有的模式，与外在的监督者合作，在工作中采纳新的观点，并且取得显著的进展。在转变阶段所发生的事情，尤其是群体与其所处环境的互动，使得群体形成了完成任务的新方式。这种新的方式使得群体经历了第二个阶段的稳定期，在这个阶段，他们致力于执行在转变阶段所制订的计划。

一个特别重要的发现是，无论团队之间在完成任务持续时间上差异有多大，每个团队的转变阶段都在其团队分配时间的中点上，精确地位于第一次会议和正式结束日期的中间点上。根据捷西克和哈克曼的研究（Gersick，1989；Gersick & Hackman，1990），任务型团队的发展经历了以下几个关键的时间点和发展阶段，见图2-3。

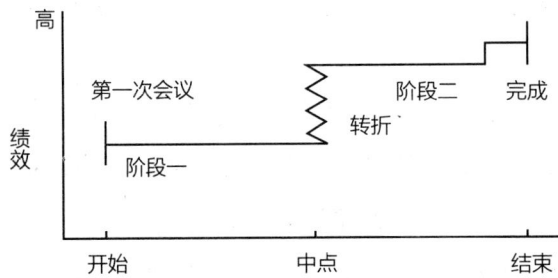

图 2-3 捷西克的群体发展时间模型

二、时间模型的主要阶段

（一）第一次会议和阶段一

阶段一的中心任务活动包括第一次会议。每个团队在形成初期会马上建立一个综合的框架，这个框架包括专业的策略、互动的模式以及完成任务的方式和外部的环境等。例如，在捷西克（Gersick，1988）研究中的学生团队，团队形成一开始便很容易地对工作任务的计划达成一致，而忽略了这个计划需要的外部要求。这就是所有团队在团队形成一开始便有的团队讨论，这样的框架几乎在所有团队中都存在。每一个团队的团队成员都会以各种各样的方式清晰地展示一个开放的、与团队任务相关的工作框架，这表明团队一开始总是以形成框架的方式朝向他们的任务的。这种框架呈现的中心主题会使得团队在阶段一分配的一半时间里都保持这种方式。即使是在这种方式上经历失败的团队，依然会采用这种方式。这种方式与阶段模型的观点相反，阶段模型认为在团队形成的初期成员对他们所处的情境是模糊、不确定的。

尽管所有团队都是以形成框架的方式开始的，但是每个团队的框架都是独一无二的。有些团队以幽默的内部互动模式开始，有些是以内部风暴的模式开始。团队采用哪种模式是由他们所处的外部环境决定的。这一发现与典型的阶段模型理论相悖，阶段模型假设所有团队本质上以相同的方式开始他们的任务（如定位）和发展他们的团队（如先是形成阶段随后是震荡阶段）。

（二）中间点转折

每个团队在开始团队任务与结束团队任务的中点会遭遇巨大的转折，称为中间点转折。尽管有细节上的差异，但这个转折阶段的结构对于所有团队都是相似的。团队发展中一般有五个主要的转折点标志。

第一，对于每个团队来说，转折点的会议是在他们团队工作的不同阶段。进展以放弃或完成阶段一的任务为开始。例如，在捷西克（Gersick，1988）的研究中，一些团队在完成了已有的草稿计划之后才进入转折点的会议，而有的团队则恰巧在中间点之前完成了一个系统的诊断。

第二，团队成员对于按时完成任务表达了急切的心情。在这个中间点上，团队成员们会明确表达对团队任务完成的步调和时间紧迫性的关注。

第三，团队的转变都发生在他们官方时间表的中间点上，不管团队会议的长度和数量有多少。

第四，团队和组织环境间会产生新关系，并且这个关系在团队的转变中扮演十分重要的角色。通常情况下，这个关系代表着团队和任务间的关系。有时候这个关系由团队发起，有时由任务引发。这个关系不仅会促进决策的制定，而且会影响决策的结果。

第五，转折会产生一个新的团队成员一致同意的最终方向，团队工作也会朝着这个方向发展。不管团队成员在阶段一中有多少争论，每个团队都会对完成团队任务的转折计划达成一致，为完成任务打下基础。团队在阶段一中的简单互动，在转折中不会改变，但是团队对阶段一已经变得很抵触了。转折会议成为团队协同合作的最高点。然而一些团队中的成员仍然不会同意这个计划，领导会分解团队，选择一个单方面的计划，转换成另一种方式把工作向前推动。

总体来说，团队工作的转变倾向于辩证地去看待。有些团队在开始时很迅速，快速地决策，对于他们的产品建构毫不犹豫，在团队转折点的时候暂停，去评价完成的工作和表现出的缺点。有些团队在开始时很慢，不确定或者不知道该做什么，但在转折点之后能够令人意外地做出选择，成员凝聚在一起。以上任何一种情况都足以表明转折点依赖于和阶段一相结合，不断学习和更新想法。

传统的团队发展模型并没有预测一个中间点转折。传统模型认为团队是不断向前发展的，无论什么时候团队都会在发展问题上积攒足够的工作，不存在可预见的时刻，团队成员对时间限制的意识是被催化的结果，并且传统模型对与团队环境的关系以及这种关系的影响能够促进团队进步表示沉默。然而研究者在时间发展模型中发现，团队发展周期中存在一个可预见的时间点。这个时间点能够有效地与外界交流，相互影响。

（三）阶段二

团队会在阶段二中实现自己的计划。团队的生命在中间点转折之后会变得不同，团队成员对于实现他们的团队任务有明确的改变和进步。团队中内部互动模式的改变和面对外部环境的方式并没有简化。转折并不是在每个团队的每个方面都发生作用，并且每个团队不一定都能够很好地运用转折点。如果没有在转折点及时发现内部的问题，那么在阶段二这个问题会变得更糟。

阶段二是团队生命中的第二个惰性阶段，被团队转折点事件强有力地塑造了。在这一阶段中，团队并没有改变他们面对团队任务的基本方式。

在阶段二中，所有团队都在进行与团队项目相关的团队建设工作，这与塔克曼（Tuckman，1965）在阶段模型中所说的"表现"相似。与传统模型一样，团队成员之间在这一阶段比在阶段一更加相似。然而，团队的进步并不与传统模型一样，因为它不是线性的。一些团队开始"表现"的阶段比其他团队早，没有早期的冲突；而另一些团队在中间点转折之后的阶段二中可能会返回到内部的冲突表现中。在每个团队中，转折的工作明确地集中在解决任务的难题而不是解决内部互动的问题上，因此，在合作决策过后，一些团队的内部互动过程也会变得越来越糟糕。

（四）最后阶段

团队生命中最后阶段的活动对于每个团队来说都是相似的。最后阶段中的最后一次会议是团队发展的尾声。最后的会议有三种特征：①团队任务活动改变从新资料的编辑和准备到将已有资料外用；②作为准备的一部分，团队的注意会明确朝向外部需求并导致预期大幅上升；③团队会对他们的工作和成员表达出更多的积极或消极情感。在这一点上，团队间的差异在于团队不涉及他们做什么，而是涉及他们做到有多容易。团队越早关注外部的需求，那么团队也就能够更好地跟上他们自己的步调，越早地完成最后的会议。

三、时间模型的特点

间断平衡（punctuated equilibrium）是时间发展模型的主要特点。捷西克（Gersick，1991）借用生物进化论中的间断平衡的概念来说明团队的发展过程。团队发展的第一个时期就是团队生命中的前一半时间，这个阶段的方式是在团队的第一次会议结束时确定的，并且团队完成任务的策略一旦确定，在第一个时期的整个过程中都不会变化。在完成任务的时间中点上，群体经历了一个转变，这次转变确定了团队在第二个时期的方向，并且方向和策略一旦确定，在第二个时期的整个过程中都不会变化。

在这个"第一时期—转变—第二时期"的模式中，还有两个十分重要的点：一个是第一次会议确定了第一个时期的模式，形成了初步的框架，第一次会议确定的过程与主题会一直控制着团队生命周期的前半段；另外一点就是结束会议，在这个阶段团队显著提速，迅速完成第二个时期开展的工作。

四、时间模型的启示

第一，为第一次会议做好准备。尽管传统的阶段理论表明，群体的领导在项目一开始，在团队选择规范并开始工作之前有大量的时间，但是时间模型表明，团队的第一次会议将会确定长期的模式，而团队在其生命周期的一半时间里都会遵循这种模式。这一发现说明，团队领导应该为第一次会议做好准备。如果对团队第一个时期的干预旨在彻底改变团队，而不是帮助团队探索其在第一次会议上已经确定的第一时期的模式和策略的话，那么这样的管理干预可能不会成功。因为在第一个时期，团队成员往往专注于已经确定的模式和方法，他们往往拒绝考虑完全不同的方式。

第二，中点对于更新团队和外在管理者之间的沟通而言是非常重要的机会。这个转型的挑战在于一方面利用团队通过第一时期的努力获得的更多的信息，另一方面又加上来自环境的新的输入，从而对团队完成任务的框架进行修改，并且调整团队所做的工作与环境资源和要求之间的匹配。一旦转型期过了，一个团队完成任务的主要设计应该已经得以确定，最有帮助的干预是帮助团队顺利执行计划、完成任务。对于外部管理者而言，这个阶段最重要的一点是确保团队能够得到需要的资源。

第三，研究者发现，无论是寿命周期很短的群体，还是寿命周期较长的群体，其发展规律都会遵循这样的规律。因此可以想象，例如，一个项目小组在工作时，项目的完成时间是五周，那么前两周会比较平静地度过，到了中间阶段，群体会采取积极的变革行动，后面的阶段会表现出更好的绩效水平，而最后一次项目会议则往往比其他几次会议时间都长，很多问题都得到了最后的解决。

参考文献和延伸阅读

Bales, R. F., & Strodtbeck, F. L. (1951). Phases in group problem-solving. *The Journal of Abnormal and Social Psychology,* 46(4), 485.

Gabarro, J. J. (1987). *The dynamics of taking charge.* Boston, MA: Harvard Business School Press.

Gersick, C. J. G. (1988). Time and transition in work teams: Toward a new model of group development. *Academy of Management Journal,* 31(1), 9-41.

Gersick, C. J. G. (1989). Marking time: Predictable transitions in task groups. *Academy of Management Journal,* 32(2), 274-309.

Gersick, C. J. G. (1991). Revolutionary change theories: A multilevel exploration of the punctuated equilibrium paradigm. *Academy of Management Review,* 16(1), 10-36.

Gersick, C. J. G., & Hackman, J. R. (1990). Habitual routines in task-performing groups. *Organizational Behavior and Human Decision Processes,* 47(1), 65-97.

Goodacre, D. M. (1953). Group characteristics of good and poor performing combat units. *Sociometry,* 16(2), 168-179.

Hare, A. P. (1976). Handbook of small group research. New York: Free Press.

Hare, A. P., & Naveh, D. (1984). Group development at Camp David Summit, 1978. *Small Group Research,* 15(3), 299-318.

Kuypers, B. C., Davies, D., & Glaser, K. H. (1986). Developmental arrestations in self-analytic groups. *Small Group Research,* 17(3), 269-302.

Lacoursiere, R. B. (1980). *The life cycle of groups: Group developmental stage theory.* New York: Human Sciences Press.

McGrath, J. E. (1984). *Groups: Interaction and performance* (Vol. 14). NJ: Prentice-Hall Englewood Cliffs.

Rusbult, C. E., & Van Lange, P. A. M. (2003). Interdependence, interaction, and relationships. *Annual Review of Psychology,* 54(1), 351-375.

Tuckman, B. W. (1965). Developmental sequence in small groups. *Psychological Bulletin,* 63(6), 384.

Tuckman, B. W., & Jensen, M. A. C. (1977). Stages of small-group development revisited. *Group & Organization Management,* 2(4), 419-427.

第三章

群体互动

　　研究者对如何定义群体这一基本问题从未达成统一观点，然而大部分定义都强调了群体成员之间的互动、相互依赖和相互影响（McGrath，1984）。尤其对于任务型团队而言，群体成员之间的互动更是群体过程的主要内容和关键特征。因此，对群体互动规律的研究在很大程度上加深了研究者对群体的理解。

　　随着群体互动领域研究的深入和实验证据的积累，群体互动的复杂性、多态性、丰富性等特征得到了广泛验证。研究者基于研究问题，从不同的视角对群体互动这一复杂现象开展了研究，建构了多种类型的群体互动模型。

第一节
描述模型

描述性研究视角仅仅描述，而并不进行解释。类似于生物学家将生物分为界、门、纲、目、科、属、种与人格心理学家对大五人格类型的划分，群体研究的描述性视角将每种团队行为归入客观界定的类型当中。研究者首先确定对哪些行为进行追踪，然后对准备编码的每种类型的行为进行明确的描述，接着他们依据这些行为定义，在对团队进行观察的过程中，将团队的行为划分为最小行为单元，并仔细记录这些目标行为的发生及其频率。

一、关系互动和任务互动

哈佛大学教授罗伯特·贝尔斯（Robert Bales）（图3-1）是团队研究描述模型的代表人物，他的整个职业生涯都在致力于回答一个问题："人们在团队中做了什么？"他通过对既有的、自然存在的团队进行的自然观察，以及对在自己实验室中组建团队的更近距离、有控制的观察，发现团队内部的行为多种多样。团队成员彼此交换信息，通过言语和非言语方式进行沟通；他们进行争论，对难题进行讨论并进行决策；他们给彼此带来烦恼，又彼此帮助和支持；他们共同奋斗完成困难的任务，但有时想着别人不知道也会放松自己的努力；团队成员互相教给对方新的知识和技能，他们也会时不时地感动对方。总之，团队互动

图 3-1　罗伯特·贝尔斯教授

和人类行为一样千变万化。

贝尔斯（Bales，1951）基于均衡理论，提出可以将千变万化的群体互动归为两种基本的类型：一种是关系互动，一种是任务互动。所谓关系互动，指的是团队生活中人际的、社会性的一面。例如，如果团队成员遇到困难并且需要帮助时，其他人给予支持、建议或其他形式的帮助。这些行为维系或损害了团队成员之间以及成员与整个团队之间的情感纽带。所谓任务互动，则指的是所有关注团队工作、项目、计划和目标的团队行为。

二、群体互动过程编码框架

通过多年的观察和研究，贝尔斯（Bales，1950）形成了群体互动过程分析的IPA编码框架。如表3-1所示，该框架将团队行为划分为12个类别。其中6个类别（1~3和10~12）属于社会情感互动，这种类型的行为起着维系或削弱团队内人际纽带的作用，如表扬其他团队成员属于积极的关系互动，而激怒其他团队成员则属于消极的关系互动；另外6个类别（4~9）则属于任务互动，如就团队面临的问题提供和询问方向、观点及建议。

贝尔斯认为，任务相关的6个类别中，类别6和类别7往往解决团队的定向问题，即团队中的成员各自就团队的任务了解一些信息，但是对完成任务相关的事实还存在很大程度上的不确定和不了解的问题；类别5和类别8的行为往往解决的是评价的问题，所谓评价问题指的是团队成员往往拥有不同的价值观和兴趣点，而团队面临的问题的解决方案的选择可能涉及不同的价值观和兴趣的选择，团队选择的价值观不同，对于所占有的信息的评价结果就相应地会有所不同；类别4和类别9的行为往往解决的是控制的问题，即团队成员之间的控制以及对共同的外部环境的控制。在团队发展的过程中，团队往往会从相对重视定向问题逐渐转为重视评价和控制的问题，与此同时，积极的反应和消极的反应都会在这个过程中逐渐增加。

除贝尔斯建构的IPA分析框架外，其他研究者基于不同的理论，也提出了多种群体互动行为的维度划分方法以及配套的群体互动过程分析系统（何铨，2009）。例如，有

表3-1　观察中使用的分类体系及其相互关系

正面的社会情绪	A	1. 显示团结，抬高他人，给予帮助，提供奖励	f
		2. 显示放松，开玩笑，发出笑声，表达满意	e
		3. 表达赞同，显示被动的接受，理解他人，表达赞同，遵守规则	d
中性的任务工作	B	4. 提供建议，确立方向，向他人暗示领导地位	c
		5. 提供意见，做出评价，进行分析，表达感受，提出愿望	b
		6. 提供方向和信息，复述观点，澄清疑问，证实猜测	a
	C	7. 寻求方向和信息，请求他人复述和确认	a
		8. 寻求意见、评价、分析和情感的表达	b
		9. 寻求建议、方向和可能的行动途径	c
消极的社会情绪	D	10. 表达反对，显示被动的拒绝，表现拘束，拒绝提供帮助	d
		11. 显示紧张，寻求帮助，退出互动	e
		12. 显示对立，打压他人，为自己申辩或固执己见	f

说明：a 定向层面（problems of orientation），A 做出积极的反应（positive reactions），b 评价层面（problems of evaluation），B 尝试回答问题（attempted answers），c 控制层面（problems of control），C 提出问题（questions），d 决定层面（problems of decision），D 做出消极的反应（negative reactions），e 紧张减轻层面（problems of tension reduction），f 重新整合层面（problems of reintegration）.

研究者认为可以依据互动的功能，将群体互动行为分为与结果功能相关及与结果功能无关两大类，其中与结果功能相关又包括内容和过程两个方面（Futoran, Kelly, & McGrath, 1989）。还有研究者在功能观点的基础上提出了功能—导向互动编码系统（function-oriented interaction coding system, FOICS）（Hirokawa, 1982, 1988）。FOICS将群体互动过程划分为操作过程、分析问题、形成解决方案和对方案的评估四大类，每大类又都包含了12个次类别：介绍、重述、发展、证实、修正、同意、不同意、总结/综合、询问观点、寻求赞成、要求澄清、要求总结/综合。FOICS更适合于对任务型团队进行编码，因为其更加关注成员行为对团队绩效的影响。

除此之外，库克等人（Cooke & Szumal, 1994）通过研究群体互动模式与群体解决问题绩效之间的关系，将群体互动划分为建设性互动、消极性互动和攻击性互动三种模式。贝克和菲什（Beck & Fisch，2000）提出群体过程有三种行为：任务导向互动行为、过程互动行为和社会情绪互动行为。沙尼（Shani，2002）认为群体互动模式有防御性和知识创造性两类。我国研究者刘雪峰和张志学（2005）研究了模拟情境中工作群体成员的互动过程，认为群体互动有着结构互动和人际互动两个维度。

总之，群体互动行为编码系统是一种能追踪群体讨论和群体决策互动的工具。尤其需要强调的是，没有一种编码系统能够完全观察分析群体讨论和群体决策过程中的所有行为，研究者总是基于自己关注的问题选择关注的特定行为。

虽然研究者对群体互动过程的维度划分不同，不同类别的群体互动编码体系之间存在很大差异，但是不同类型群体互动的描述模型具有相同的研究视角，即致力于开发一套编码体系，对团队行为进行分类编码，希望通过对团队行为的分类和频次等分析，寻找团队互动过程的规律。

必须说明的是，仅仅停留在描述这个层次是不够的，研究者之所以要进行研究，往往是为了改善团队工作绩效，提升团队成员的满意感。因此，团队研究还涉及对团队行为的解释、预测和干预，而不是仅仅止于对团队的现状进行描述。

第二节
规范模型

在描述模型的基础上，为了进一步理解团队互动规律，干预并提升团队的有效性，研究者将无处不在的团队互动过程（process）作为关注焦点，即团队互动的一般

性稳定模式，关注在团队中任务是如何完成的，而不只对团队中的互动行为进行细致的分类、统计和描述。

团队互动过程决定了团队在问题解决、决策任务上的表现以及团队的整体有效性。因此，对于组织管理者和管理咨询师来说，懂得创造合适的工作情境，管理决策与问题解决的互动过程是决定管理质量的关键。有的管理咨询师认为提高团队效能应该从改善团队人际关系入手，而另一种观点认为团队干预应该直接从团队任务入手（Kaplan，1979；Schein，1987）。

假设你作为一名咨询师被邀请参加一个员工会议，就如何提高团队有效性提出自己的建议，或者作为一名召集会议的团队经理，需要提升团队讨论和决策的有效性，你需要关注哪些方面的群体过程，需要在哪些方面进行干预呢？

面对复杂的人类互动情境，研究者就如何评估和干预团队的有效性这一问题，基于描述模型的研究成果，提出了一个富有启发性的团队规范模型，如表3-2所示。

表3-2　团队评价的维度

	任务（task）	人际（interpersonal）
内容（content）	正式的议程、目标	谁向谁做了什么
过程（process）	任务如何完成	团队成员彼此之间的联系、沟通交流等
结构（structure）	反复出现的过程——"标准化的操作过程"	反复出现的人际关系、角色

首先，必须将一个情境的内容与其过程和结构区分开来。其次，情境中的这三个方面，都可以划分为任务相关问题和人际相关问题。实际上，表中的六个部分在现实中并不是截然分开的，各类别之间的划分并不像描述模型那样明确，然而面对人类群体研究的复杂数据，一个简化的模型框架对于加深人们对团队过程的理解是非常必要的。下面我们依次解释这六个类别。

一、团队的任务内容

解释团队做了什么、团队的目标是什么、团队存在的意义是什么。每一个团队或者组织都有其终极的功能、存在的理由和使命，而团队正是通过完成一系列团队任务、逐步达成团队目标来实现其功能的。

一个团队或许对其终极使命并不知晓，对其团队目标也并不赞同。事实上，咨询师或管理者的一个主要的任务就是帮助团队理解其任务和功能，因为当团队在任务内容方面存在误解或冲突时，团队很难有效地执行其功能。团队最直观的任务内容是团队讨论或开展工作的主题，即团队工作日程。对咨询师或管理者而言，持续关注团队的任务内容并保证团队持续地围绕团队工作目标开展工作，是改进团队的有效方式。

二、团队的任务过程

在关注团队做什么的基础上，还应该关注团队如何做。团队过程，即团队解决问题、收集信息、做出决策的过程。团队过程是难以捉摸的，可以很直观地体验和观察，却很难清晰地进行定义，也很难与任务的内容相区分。

即使管理者非常积极主动地关注和管理任务内容，团队还是会产生沟通问题。团队成员可能各行其是，不听取其他成员的观点甚至相互误解，成员会打断他人的发言，任务进行的过程中充满争论和冲突，团队难以达成一致意见，并把太多的时间花在无关紧要的琐碎事情之上。

对于团队经验丰富的研究者或管理者来说，他们会经常发现即使是任务完全相同的团队，也会采用截然不同的方式完成团队目标。在有的团队中，主导者要求大家共同参与；而在有的团队中，主导者则只是邀请任何关注的人来表达观点。有些团队中存在巨大的争论和冲突，而有些团队则表现得非常正式和礼貌。一些团队的决策来自于对任务信息的充分挖掘，而有的团队的决策则来自于少数服从多数的投票，或者有的团队直接由管理者在听取讨论之后做出决定。换句话说，团队可能有共同的任务，而共同的任务内容却可能会以风格迥异的方式完成。

三、团队的任务结构

如果长时间地观察团队，你会发现团队往往重复性地采用一些稳定的程序解决问题。例如，一些团队会频繁地采用投票表决的方式做出团队决定，而有的团队即使在没有其他办法的情况下也不采用投票方式解决问题；一些团队往往在会前制定清晰的议程，并严格按照议程组织会议讨论，而另一些团队却经常在会前临时拟定讨论话题。如果群体内存在管理上的等级，那么可以经常发现高地位的团队成员会经常打断低地位成员的发言，而相反的行为却几乎不可能发生。如果你是团队的领导，那么团队成员往往会听从你的指导和派遣；如果团队成员被指派了特定的角色和任务，他们往往会坚持按照指示执行。这一系列稳定的、在团队工作中不断循环发生的、帮助组织实现任务目标的群体过程就是团队的任务结构。

在大型的组织当中，可以将任务结构看作正式的等级关系、既定的命令链、信息和控制系统以及其他稳定的循环过程。这一系列稳定的模式往往被当作团队工作的方式传授给新手。值得一提的是，结构的含义只是过程概念的延伸，指那些稳定的、重复发生的、被群体成员认可的团队过程。

所有团队都需要有规律的和稳定的行为模式，进而确保环境和工作模式的可预测性、可管理性。这些稳定的行事风格也渐渐发展成一种团队的文化，变得为大家所共享，被团队当成理所当然的任务完成方式。而可观察的团队任务结构可看作团队文化的一种显性表现。

文化本身并不是显性的，因为它往往被团队看作理所当然的，是一种团队内部共享的无意识假设，是团队经历过大量事件后形成的稳定的结构。但是，通过对团队之外的个体和团队内成员在外显行为上的对比，可以明显地观察到团队文化在成员身上留下的痕迹。基于团队的规范模型，观察团队显性的行为，往往能够透漏出团队背后具有实质性影响的文化力量，这对理解团队是非常有益的。

对于团队来说，其任务结构往往是对团队在环境中所必须解决的生存问题的处理方式。所有团队都会面临以下五个方面的生存问题，而针对不同的问题，存在不同的任务结构元素。

① 界定团队的基本使命，证明团队存在的意义，即说明团队的基本任务。面对这个基本问题，组织或团队往往拟定组织章程，陈述组织哲学或使命，陈述正式议程，界定成员身份及责任。

② 根据团队使命设定具体的目标。任务结构元素包括书面化的团队目标陈述、正式的规划程序及其结果、公开的界定目标和截止时间等。

③ 根据团队目标决定采用何种方式完成任务。完成任务的结构是指界定清晰的正式组织、任务角色的分配、解决问题和制定决策的一系列喜欢采用的程序。

④ 测量和监控任务目标是否达成。为解决此问题，任务结构往往包含正式的信息和控制系统、管理规划、预算以及正式的检查过程。

⑤ 当偏离任务目标或不能完成任务时，迅速修正问题，将团队带回正轨。一个团队需要修复问题、将资源转向任务本身的能力。一般情况下，组织或团队面临的情境都是多变的，但是团队或者组织需要有自我矫正的过程和能力，并将这一过程转化为团队任务结构的一部分。

在一个年轻的团队中，任务的结构并不是非常稳定的，年轻团队的结构化程度也比较低。随着团队的发展，团队内会产生一列关于自身的假设，那些导向成功的假设就逐渐成为团队文化的一部分，并通过组织章程、程序手册、规章制度等团队任务结构方式体现出来。

四、团队的人际内容

正如贝尔斯在描述模型中对团队行为的分类，团队中除了存在任务相关的行为来解决团队生存的问题之外，还存在显著水平的行为指向人与人的互动。

通过对团队的观察，我们能够看到张三和李四总是会陷入争吵，王二总是支持李五的观点，而不论李五发表了什么样的言论，张三主导着谈话并尝试对其他成员施加影响，而李五总是一言不发，直到被直接提问时才打破沉默。值得一提的是，一些人会打断别人，一些人会通过分裂行为渲染团队的紧张气氛，而有的团队成员则能够通过适时的玩笑打破团队的尴尬局面，而这些行为皆与团队的任务关系不大。

就像我们能够追踪团队的任务内容一样，我们也可以对团队内成员的人际互动进行追踪，记录"A对B说了什么"，记录每个成员在团队中的角色，进而构建出一个团队的图景来解释团队成员之间的关系，以及解释这种关系对任务完成的影响。

五、团队的人际过程

将人际任务的"内容"和"过程"分离开并非易事，因为人们总是有意无意地同时操纵内容和过程。然而团队过程并不是不可观察的，通过观察完成工作内容过程中的团队，可以抽象出他们完成工作的方式。同样地，对于团队人际过程，也可以通过观察团队人际互动的内容抽象出团队内部成员之间的关系。例如，我们可以总结出，一些团队的成员之间总是充满对抗和争论，而有的团队成员之间表现出较多认可，显得彬彬有礼。在有的团队中，成员倾向于热情地倾听他人观点，并为其观点添砖加瓦；而在有的团队中，成员则更注重如何吸引他人的注意，并花更多时间考虑如何展示自己的观点，而不是关注他人意见。

考察人际过程是非常重要的，因为团队的产出往往取决于团队任务过程和人际过程之间复杂的交互作用。比如说，你可能会注意到，不同的成员对任务有不同的理解，这导致在完成任务过程中会出现一系列的沟通障碍。你也可能注意到，一些成员总是系统性地忽略其他成员的观点，导致在任务相关信息的获取上出现缺陷。同样地，你可能会观察到当团队中的一些成员在努力思考各种备选方案时，其他一些成员正忙于为某一个方式表达拥护或反对。这可能会让你十分惊讶，因为团队中某些固定的成员总是会反对其他某些成员的意见，而不论意见的内容是什么。这种人际冲突显然影响了有效决策的做出。

这些行为过程包含了上面提到的任务过程。这些过程对任务的结果有着直接的影响，同时，所有这些过程中也包含了成员之间的关系以及相互的感受。他们的角色和相互的影响模式也对任务结果有着巨大的影响。

六、团队的人际结构

就像团队需要形成稳定的、可预测的任务过程以实现团队的生存功能，团队也需要形成稳定的和可预测的人际过程来处理其内部事务，以确保团队成员共同努力，并且在团队中感到安全。重复发生的、稳定的过程是非常必要的，它有助于使得内部群体环境安全和可以预测，从而使得团队成员足够放松，进而可以将他们的情绪能量都指向完成任务。

团队文化的一部分可以被看作稳定的知觉过程、思考问题的程序、感受以及沟通规则，这些都让一个团队表现得像一个功能良好的团队。那么哪些地方需要这些稳定的特质呢？任何团队若要功能良好，它必须对下述六个问题有稳定的解决方案。

① 团队成员之间如何沟通？可观察到的团队人际结构使团队内部可能会形成一些自己的语言和有特殊含义的词汇、符号等，这些语言只有团队内部的人才能够理解。

② 如何界定团队的边界？团队内部会发展出一套规则界定谁属于团队，谁又不属于团队。可观察到的结构包括统一的制服或者徽章以及对于临时成员、签约成员的不同政策等，还有一些关于向谁分享信息而又向谁保守秘密的规则等。

③ 如何分配权力和权威？团队会发展出相应的标准，来限制在哪些问题上谁可以影响谁。尽管组织的规章中可能对权力关系有所规定，但是，在团队生活的现实中，有些正式的规则可能会被忽略，新的所谓"非正式"的权力结构可能会形成。

④ 如何界定恰当的同事关系？团队会发展出开放性和亲密性的指标以及恰当的合作与竞争水平。这部分往往是群体中最缺乏结构化的部分。这种结构并不像那些明确的规则可以很容易地习得，然而这些结构往往会存在于文化之中。

⑤ 如何分配地位和奖励？正式的奖惩系统、绩效评估系统、晋升程序等往往是可以观察到的，但是书面的政策和程序并不总是与反复出现的实际可观察的规则相符，也就是说，还存在非正式的奖惩系统。

⑥ 如何处理意料之外的、难以处理的以及对团队构成威胁的事件？这部分是最难以正式结构化的。虽然每个团队都会有应急程序，处理这些不可预测、具有压力性、

难以控制的事件。但是在这个过程中，很容易形成迷信、神话传说以及符号化的仪式，如祈雨舞。这些过程会变得稳定，尤其是在传授给下一代的过程中。

随着团队的互动，团队针对过程中不同领域的问题，会形成一系列关于团队自我的假设，而这些假设会逐渐稳定下来，成为团队的一种文化。进而，这种无形的团队文化又会作用于团队，体现在团队工作的每个过程之中，如团队的政治倾向、沟通模式，成员之间表达感情的方式以及成员之间的举止风格。

总的来说，群体规范模型作为评价和分析团队的理论框架，为研究者和实践中的管理者提供了一套理解团队活动规律的完整思路，是对精确描述团队与高度抽象化理解团队的一种折中，是对描述模型的进一步抽象。而要进一步理解团队内部的行为，就需要理解团队活动的动机何在，这就是下面要介绍的群体解释模型。

第三节
解释模型

描述模型尝试对团队过程进行描述，规范模型主要从任务和人际关系两个方面对团队的稳定模式进行评价，解释模型则超越了对团队的描述和评价，致力于从更深层次解释团队内在动力背后的驱动力。群体研究的解释模型的代表人物是英国精神分析学家威尔弗雷德·比昂（Wilfred Bion）（图3-2）。比昂的文字非常晦涩，斯托克斯（Stokes，2004）等其他学者对他的论说进行了重新解释，以便于更多的人理解他深邃的思想。

一、团队的定义

比昂将团队定义为一群个体的功能。怎么理解这个定义呢？比昂举了一个例子。如果12个人因为偶然的原因同时躺在同一个沙滩上，这12个不能称为团队，但是如果这个时候水中有人喊救命，这12个人行动起来，共同采取措施避免那个人溺水，这个时候这12个人就成了团队，因为他们此时已经具有了功能。比昂认为，人们并不是非得来到同一个房子里才可以形成团队。当团队成员聚集在一起的时候，团队的现象可能会被表现出来，但是聚集在一起并不是团队存在的前提条件。

图 3-2　威尔弗雷德·比昂

二、核心思想

比昂的核心思想是：每个团队中都存在着两个团队，一个是工作团队，另外一个是基本假设团队。

（一）工作团队

所谓工作团队，指的是团队功能中与团队的真实任务有关的那部分功能。工作团队能够意识到自己的目的并且能够界定自己的任务。团队的结构服务于任务的达成。团队的成员作为独立的个体彼此合作。团队中的每个成员之所以属于该团队，是因为看到团队的目的得以实现是他的愿望和选择。工作团队富有科学的精神，寻求知识，从经验中学习并不断问自己如何更好地实现团队的目标。工作团队对于时间的流逝以及团队的学习和发展有着清醒的意识。

比昂定义的工作团队类似于弗洛伊德理论中的理性和成熟个体的"自我"。在现实中，像刚才所说的群体非常罕见。比昂的理论更多探讨的是为什么团队不能总是表现出刚才所描述的"工作团队"所具备的特征而理性地行为。

（二）基本假设团队

人类是群居的动物，却总是和自己所在的群体有着各种各样的矛盾，无效的和自相矛盾的行为充斥着群体。工作团队只是群体功能的一个方面，另一个方面被比昂称为基本假设团队。所谓基本假设，即行为所基于的假设。人们的行为总是基于一定的假设。例如，在哥伦布时代之前，航海员不会离开海岸太远，原因是他们对世界的基本假设是世界是平的，如果他们离开海岸太远的话可能会从边上掉下去。因此，通过观察个体和群体的行为，观察者可以梳理出个体或群体行为背后的基本假设。这些基本假设是群体行为的基础。正是由于群体的行为所基于的这些基本假设，所以群体不能像一个理想的"工作团队"那样行为。

根据比昂的理论，团队有三种不同的情绪状态，根据这三种不同的情绪状态，可以推导出三种基本的假设。

1. 依赖

第一种基本假设是依赖（dependency），以依赖作为基本假设的团队期望从一个人那里获得安全并且受其保护，认为形成团队的原因就是给团队成员带来安全感并且受到保护。以这种假设为前提，团队成员会表现出似乎他们一无所知，似乎他们是不胜任的，并且是不成熟的个体。反过来，他们的行为意味着团队的领导是全知全能的。一群病态的、忧郁的精神疾病患者，和一个强有力的、智慧的、仁爱的心理咨询师就符合这种情境。

当然，作为团队领导的心理咨询师的权力、智慧和仁爱是无须检验的。病人们往往一致认为，只要他们坐在一起足够长的时间，心理咨询师就可以带来神奇的治疗效果。他们甚至不需要给他提供有关他们困难的足够的信息，因为团队领导者什么都知道，他会为了成员的利益做出周全的计划。在这种情绪状态下，团队坚持认为，所有的解释都应该简单，任何一个团队成员都做不了任何复杂的事情，但是领导只要愿意就可以解决所有的困难。团队领导被理想化了，被看作上帝，可以很好地照顾自己的孩子。

团队的领导往往也容易陷入这种角色从而与团队的基本假设相一致。但是，因为没有人能够胜任这样的角色，团队领导从来都不能成功地满足团队的期待。由于不能成为这些不胜任的、虚弱的团队成员的全知全能的领导，团队的实际领导不可避免地将激起成员的失望和敌意。当团队领导不能满足成员的期望，团队就开始寻找新的领导。新的领导往往愿意接受领导的职位，并且承诺他们可以做到那些原先的领导无法做到的事情，而一旦他们承担其团队领导的角色之后，他们的命运往往和原先的团队领导的命运是一样的。

在这种依赖型团队中，团队成员容易出现的问题是贪婪。因为一群表现得不成熟、不胜任的个体总是期望全知全能的领导者给予他们更多的关爱。像纯粹的工作团队并不存在一样，纯粹的依赖假设的团队也并不存在。但是，依赖的假设越是主导着团队，该团队中成员和领导者之间的关系就越是表现出宗教教派的特征。领导的语言和文字成为类似于《圣经》的东西，团队沉浸于诠释领导的意图。

对于基本假设是依赖的群体而言，外在世界往往看起来是冰冷的和不友好的。有时候，当团队成员感觉到被领导抛弃了，他们会忘记自己内部的争吵，会彼此依偎在一起，就好像一群小鸟彼此依偎在一个鸟巢里一样。一种温暖的群体感受油然而生，从而带给他们短暂的舒适和安全感。

2. 抵抗—逃走

第二种基本假设是抵抗—逃走（fight-flight）。这种假设是指团队聚集在一起就是为了保护自己，保护自己只有通过与某人和某事斗争或者通过逃离某人和某事才可能实现。基于这种抵抗—逃走的假设，与保护团队相比，个体处于次要的地位。不论是在抵抗中还是在逃走中，为了团队的存活，个体都有可能被抛弃。

在依赖型团队中，有病的成员可能被认为是有价值的，因为领导对有病成员的关注会让整个团队感受到领导的无所不能。而在抵抗—逃走型团队中，病态、虚弱的团队成员是不会被容忍的，人员伤亡是在所难免的。领导在这样的群体中甚至更为重要，因为行动需要领导。那些能够调动团队进攻或者领导团队作战的领导被认为是称职的领导。领导者应该能够识别危险和敌人。他应该代表着勇气和自我牺牲；他应该带有一定的偏执特点，如果没有明显的敌人，他也一定能够找出一个；他应该表现出对敌人的恨，并且表现出不是对团队中个体的关心而是对保护整个团队本身的关注。这样的团队是反智力的并且憎恨自我学习，自我知识被看作胡言乱语。

3. 配对

第三种基本假设是配对（pairing）。这种团队的基本假设是团队聚集在一起是为了繁殖，为了产生救世主。一种希望的气氛笼罩着群体，团队并不需要真正的领导存在。整个团队处于一种希望之中，期待着一个新的领导或者一个新的想法将会诞生，从而解决旧问题，并且带来乌托邦或者天堂。但是，正如历史中所展现的，一旦新的领导真的产生了，他很快就会被拒绝。为了保持希望，他必须是未诞生的。比昂强调充满希望的期待弥漫着整个团队。尽管该团队关注的是未来，但是比昂强调现在的重要性，换句话说，感到希望本身是最为重要的。该团队享受着乐观主义。

这就是比昂所说的三种假设团队。尽管每种团队有其各自的特点，这三种基本假设团队也有一些共同点。例如，基本假设的生活不是向外指向现实的，而是向内指向幻觉的；基本假设的团队成员往往是困惑的，记忆力很差，并且对于时间没有判断力，他们并没有从经验真正学到什么或者尝试适应。实际上，他们拒绝变化，尽管他们随时都有可能从一种基本假设转变为另外一种基本假设。基本假设的另外一个重要方面是，它们是匿名的，它不是由团队中的任何一个成员促成的，也不能归因到任何一个团队成员身上，基本假设是个体否认自己拥有的那一部分。因为基本假设是匿名的，因此，它们在现实中可能表现得很无情。

工作团队和基本假设团队在现实中都不会存在很长时间。我们所看到的往往是一个工作团队充满、闯入或者受到基本假设的支持。我们可以将工作团队看作有意识的自我，而有意识的自我常常受到团队人格中非理性的无意识部分的干扰和影响。

比昂认为，所有人都有步入群体生活的倾向，尤其是迈入群体生活中非理性和无意识方面的倾向，人们的这种倾向具有个体差异。这种倾向作为一种本能，具有即时满足和非有意决定的特点。比昂认为，个体的这种倾向性不仅仅有程度的差异，而且不同的个体可能对于不同类型的基本假设有更强的倾向性。有的人倾向于依赖的基本假定，有的人可能更倾向于抵抗—逃走的基本假设。在一个成熟的工作团队中，依赖型团队的领导应该表现出可靠，抵抗—逃走型团队的领导应该富有勇气，而配对型团队的领导应该富有创造力。

我们可以采用比昂的解释性视角来看到团队发展的阶段。卷入阶段的团队是依赖型的，控制阶段的团队是抵抗—逃走型的，情感阶段的团队是配对型的，而成长阶段的团队则对应的是比昂的理性工作团队。同样的，在形成阶段，团队更多表现出依赖型特征；在震荡阶段，团队更多表现出抵抗—逃走特征；在规范阶段，团队更多表现出再造特征；在执行阶段，团队表现得更像一个理性的工作团队。

总之，解释模型试图理解一个团队深层次的、无意识的过程。描述性和规范性的研究是表层的，是深层机制的反应指标，只有理解了深层机制，才可能改善表层的指标。从比昂的理论可以看出，他的理论在很大程度上受到弗洛伊德精神分析的影响，尝试理解团队动力中深层的无意识层面的机制。

第四节
决策模型

现代社会越来越依赖团队做出重要的决策，而团队决策的质量是否稳定地高于个体决策质量一直以来都存在很大争议。群体拥有多于个体的信息，充分挖掘不同成员所拥有的有效信息能够做出更有效的决策。然而在现实经验以及研究中发现，群体并不总能充分理性地挖掘和利用团队成员拥有的信息。群体决策是一个动机性的信息加工过程，群体成员的个体特质，如社会价值取向、认知闭合需要水平、个人风险偏好等，以及团队氛围、团队领导特质、团队情绪状态、团队成员的人际关系等团队水平的因素，都对群体决策的过程和质量有决定性的影响。

群体决策绝非群体成员完全理性地进行信息分享并完全基于信息做出判断的过程。学者针对群体讨论过程，对群体决策结果以及对其成员的态度和决策结果的影响进行了大量的研究，其中最主要的两个发现是群体极化现象和群体思维现象。

一、群体极化

群体极化现象来源于对风险决策的研究。在风险决策中，决策者总是有可能要损失一些东西，我们称之为赌注。例如，在跳槽这个风险决策的过程中，赌注即稳定的工作、还够用的工资等，冒险就意味着会失去原本确定可以得到的东西。一般而言，人们是不愿意冒风险的，除非有一定的奖赏。在跳槽这个例子中，奖赏可能是新公司中更高的工资和股权、许诺的更高的地位以及更好的发展前景。奖赏总是大于赌注，但是却具有一定程度的不确定性。决策者愿意接受的不确定性越大，我们就说该决策者愿意冒更大的风险。

1961年，麻省理工学院（MIT）的硕士生詹姆斯·斯托纳（James Stoner）在其硕士论文中针对群体的风险决策进行了研究。他的实验一共包括12个风险问题，研究的参与者是工业管理专业的男性研究生，一共组成13个小组。斯托纳让被试在参加讨论之前先独自完成决策，记录被试个体最初的风险偏好。之后让小组进行群体讨论，做出群体决策，记录群体水平的风险偏好。最后，再由个体成员独自完成决策，记录经过讨论后的个体风险偏好。实验结果表明，在13个组中，有12个组的群体决策的风险偏好都比成员平均风险偏好高。同时，斯托纳还对比了讨论之前和讨论之后个体风险偏好的差异，结果发现45％的人没有改变自己的决策；而剩下的人中，39％的人愿意冒更大的风险，而只有16％的人倾向于更为谨慎。另外，控制组的23个被试就同样的风险问题进行判断，这些被试并没有在一起进行讨论，而是几周之后进行了再测，结果并没有发现系统性的变化。根据上述结果，可以推断群体讨论过程或许对个体观点和群体决策都有影响，使得群体倾向于愿意承担更大的风险，这种变化被称为"风险性偏移"。

自斯托纳在1961年发现该现象后，大量学者采用不同的被试和不同的题目对该实验进行了重复，结果总是支持了风险性偏好的结论。1971年，《人格与社会心理学杂志》（*Journal of Personality and Social Psychology*）出版了一期专辑，发表的全是有关风险性偏移的研究论文。1982年，有研究者就针对风险性偏移现象的研究进行了综述，发现已有十几个国家就此现象进行了上百个研究，而且总是可以得到与斯托纳最初的发现一致的结果。必须承认的是，并不是每个组经过讨论都变得愿意承受更大的风险，也并不是每个被试在小组讨论之后都转向更为风险性的选择。而且团队人数也并不总是一样，已有研究发现，小组人数在2~7个人，都可以可靠地得到风险性偏移的结果。

那么为什么会出现风险性偏移的现象呢？有研究者试图以社会心理学中的从众观点进行解释。因为在风险性偏移中，经过讨论，个体最初的选择似乎聚焦了，从众的社会力量或许可以解释这个现象。

如果个体的决策聚焦到他们最初决策的平均值上，我们可以认为这是一个简单的从众现象。或者如果很多团队都讨论某个风险决策问题，有些团队聚焦到他们最初决策的平均值上，有些团队聚焦到比最初平均值更冒险的位置，而有些团队聚焦到更保守的位置，最终各小组的平均值与个体最初的决策的平均值相等的话，我们也可以认为这是一个简单的从众现象。但是，风险性偏移并没有聚集到最初决策的平均值上，而是偏向平均值的一个方向——更冒险的那个方向。因此，从众是不能解释风险性偏移现象的。

团队之所以最终达成一致的意见，是因为研究者要求团队形成一致的意见，根本不需要用从众来解释团队达成共识。这个结果看起来更像是对权威的服从，但是个体的最后决策中也出现了个体意见的聚焦，而这种聚焦并不是实验人员所要求的。这可能意味着群体决策过程对个体态度发生了真正的影响。

类似于风险性偏移现象，保守性偏移在一开始就存在，但是并没有被重视，因为在斯托纳的两难选择中大多数问题都导致了风险性偏移。保守性偏移的存在一开始令人感到不安，因为如果有时候我们向保守偏移，有时候我们又向风险性偏移的话，就没有什么概括性的结论了。但是，研究者很快发现，发生保守性偏移的选择困境问题总是那几个。也就是说，同一个问题，要么总是导致保守性偏移，要么总是导致风险性偏移。

什么样的问题会导致群体在讨论之后更偏向保守的选择呢？Nordhoy（1962）是第一个关注保守性偏移的人，后来他以及戴维·迈尔斯（David Myers）、柯林·弗雷泽（Colin Fraser）等人成功地写出了很多新的选择困境问题，这些问题总是能够导致保守性偏移。研究者发现，当赌注非常大的时候，往往会导致保守性偏移。如果一个人以生命或者婚姻作为赌注的话，往往会导致保守性偏移。此外，当风险性决策会威胁到家庭或父母等重要他人而不仅仅是决策者自己的时候，保守性偏移也容易发生。一个非常小的赌注和一个很大的奖赏往往会促使人们放弃保守而选择风险。

特格和普鲁特伊（Teger & Pruitt, 1967）是第一个尝试识别偏移的预测变量的研究者。他们使用了斯托纳最初研究中的12个风险决策选择困境，考察的新问题是最初选择的平均数和随后决策偏移的大小之间是否存在某种一般化的关系。普鲁特伊（Pruitt, 1971）以及普鲁特伊和特格（Pruitt & Teger, 1969）对他们的研究过程进行了详细的描述。

就往往导致风险性偏移的10个问题而言，不同题目导致的风险性偏移的大小有所不同，变化为0.16到1.48。结果发现，偏移大的项目往往其最初的位置就代表相当大的风险偏好，而偏移小的项目的最初位置往往就在量表的中间或者附近。在最初选择的平均值和平均偏移大小之间存在显著的0.64的负相关。相关为负是因为高风险意味着低比率。相关表明，一个项目所诱发的最初态度越是具有风险性，经过团队讨论之后的决策就越有可能出现更大的风险偏移。当把另外两个总是引发保守性偏移的题目的数据放进来，将保守性偏移看作负向的风险性偏移，这样计算出的相关是-0.78。这个相关对于风险性偏移和保守性偏移而言含义都是一致的。

以上证据证明，群体讨论导致了极化现象（图3-3）。群体极化意味着群体讨论将放大群体成员最初的风险偏好态度。如果一个问题导致的最初反应是风险寻求，那么群体讨论将偏向更大的风险寻求；如果一个问题导致的最初反应是风险规避，那么群体讨论将导致进一步的保守性决策。另外，群体决策偏移的大小随着最初态度极化的程度而增加，最初的态度越是走向极端，那么群体决策偏移的程度就越大。根据伊森伯格（Isenberg, 1986）以及迈尔斯和阿伦森（Myers & Arenson, 1972）的研究，个体在项目上最初决策的平均值与其在同一项目上的偏移之间的相关为-0.89。

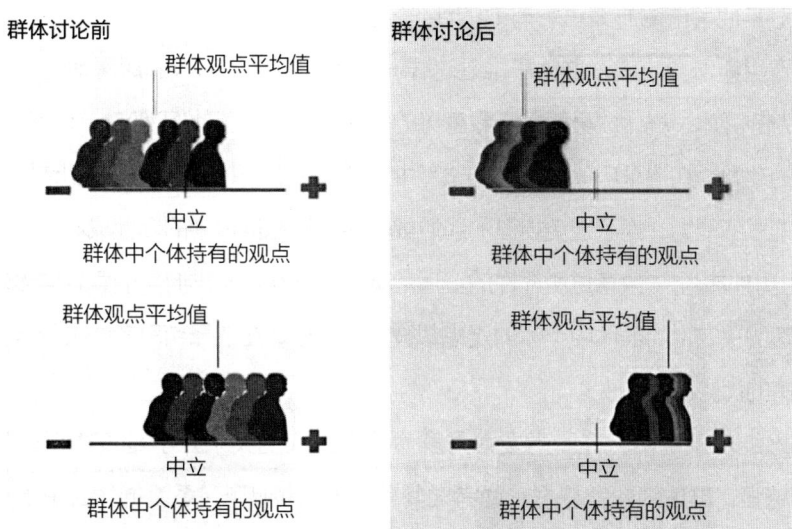

群体讨论前

群体观点平均值

中立

群体中个体持有的观点

群体观点平均值

中立

群体中个体持有的观点

群体讨论后

群体观点平均值

中立

群体中个体持有的观点

群体观点平均值

中立

群体中个体持有的观点

图 3-3　群体极化现象：群体讨论会放大群体成员最初的偏好

总之，最初的偏好等级越极端，同一方向的偏移就越大，这就是群体极化现象。因此，并不是群体讨论一定会使得人们愿意冒更大的风险，在讨论之后是更加激进还是更保守取决于团队共享的深层文化价值观所推崇的方向（Isenberg，1986）。

二、群体思维

群体思维的现象和概念最早由耶鲁大学心理学教授欧文·贾尼斯（Irving Janis）在针对政治决策团队的研究中发现并提出，是指在高度凝聚的群体中，群体成员为避免群体内部的冲突，努力达成一致意见而缺乏对事实和观点的批判性的检验、分析与评价的现象（Janis，1972，1982）。

贾尼斯对大量美国对外政策的灾难性事件进行了研究，如没有预测到珍珠港事件（1941年）、朝鲜战争（1951年）、猪湾事件［在美国政府支持下在古巴西南海岸猪湾向菲德尔·卡斯特罗领导的古巴革命政府发动的一次失败的入侵（1961年）］以及后来发生的越南战争等。贾尼斯认为，在这些灾难性事件中，决策的失败在很大程度上可以归因为决策委员会内部过强的内聚力。而且这种内聚力导致对不同观点的压制，从而也无法对其他可能的方案进行有效的评价。

正如贾尼斯所界定的，群体思维是这样一种思维方式，当人们深深地卷入一个具有高度内聚力的群体，群体成员寻求一致意见的努力远远超过了他们现实地评价其他可能的行为方案的动力。在追求群体内聚力的过程中，群体中的个体逐渐丧失了创造性、独特性以及独立的思考能力，为了避免自己的尴尬或者避免激怒群体中的其他成员，群体成员往往避免提出那些超出一致意见所允许的舒适范围的不同观点，进而可能导致群体做出草率的、不合理的决定，而群体中个体的疑虑却被置之不理。在选择和思考中进行理性的平衡等群体决策的优势都消失了。

群体思维现象说明，群体内聚力与群体绩效之间的关系并不是直线正相关，即群体内聚力越强，群体绩效就越好；两者之间呈现的是倒U型关系。群体会由于缺乏内聚力而出现群体绩效不良；但是，过强的群体内聚力则会导致群体思维现象的出现，进而导致团队缺乏批判性思维的过程，表现为群体绩效下降。

值得一提的是，群体思维现象往往出现于内聚力很强的长期团队之中。这样的团队往往会表现出鲜明的特征。例如，群体会认为自己刀枪不入，更倾向于做出冒险性的选择，而忽略团队可能面临的危险。群体往往将面临的威胁和不同意见反馈合理化，进而忽视这些有效的信息。群体成员往往绝对相信团队内部的道德观念，而对团队决策的道德结果不假思索。群体往往对外界尤其对敌方的领袖抱有强烈的成见，认为他们过于邪恶、弱小或者愚蠢，而忽视其真正的实力。群体内部往往充满社会压力，尤其是对于那些持有不同观点的成员，或者对结果的有效性提出异议的成员。群体成员往往小心翼翼地自我检查，以避免与团队共识之间的差异，尽量忽略所持质疑态度的重要性。这样的群体内部往往有自己的逻辑，一件事情在群体外的人看来是不合理的，但群体内部往往会认为这样是理所当然的。陷入群体思维的群体成员们往往致力于保护领导，打压与领导不同的意见。最后，群体思维对于群体的新成员具有强大的社会影响力，新成员在加入群体之后不久就会陷入群体既有的群体思维之中，并致力于达成一致的意见而避免表达不同的观点。

贾尼斯以政治决策团队为例，总结了成功组织决策的经验，提出了一系列避免群体思维现象发生的措施。例如，团队的领导应该赋予每个团队成员进行批判性评价的权力，并鼓励团队公开质疑。在分配决策任务之初，应该持有公正的就事论事态度，而不要表明倾向或者期望。可以将同样的决策任务分配给由不同领导带领的团队，最终整合双方意见。也可以要求团队在达成统一意见之前，由成员与其信任的同事就决策过程进行讨论。决策过程中可以邀请一名或多名组织之外的专家参与，并鼓励专家挑战核心成员的观点。在每次常规会议上，可以设定一个人担任反对者的角色对可选结果进行批判。如果决策是面向竞争对手或其他组织的，那么团队应该多花一些时间对对手进行有效的评估。当涉及决策的可行性和效率时，应该尽量将团队分为几个部分，分别讨论形成意见，之后再整合多方观点。在形成初步决议之后，应该召开一次会议，让成员尽量全面地说明自己残留的疑虑，并在最终决策前重新思考整个事件（Baron, 2005）。

群体极化现象和群体思维现象都表明群体互动对群体和群体成员的决策过程产生了巨大的影响，证明了群体决策过程并不是冷冰冰的理性思维过程，而是在很大程度上还受到他人和情境因素的影响。有关群体决策的研究就是探讨那些影响群体决策有效性的机制和因素。除了群体极化和群体思维这两种在群体决策中普遍存在的现象之外，还有大量研究者致力于对特殊群体的决策过程进行研究，如对陪审团的决策过程进行研究。

有一部非常经典的电影叫《十二怒汉》（*Twelve Angry Men*），是20世纪50年代的一部影片，但至今依旧被人津津乐道。这部影片可以说是探讨美国陪审团制度和法律正义的经典之作。整个故事大都发生在一个房间里，导演用最少的场景讲述了陪审团群体决策过程中戏剧性的影响过程（图3-4、图3-5）。

故事讲述了一名18岁少年被控告杀死了自己的父亲，为了审理这个案件，12个素不相识的人被选出来，组成了一个陪审团，他们将决定这个孩子的命运。这些人都来自不同的家庭，有着不同的背景和事业，他们有些人甚至对法律一窍不通。表面证据显示，这个男孩就是杀死自己父亲的凶手，有人看到他举刀，还有人听到他说"我要杀了你"。面对这些铁证，裁决有罪应该是板上钉钉。11位成员都选择判定其有罪，只有一位成员觉得事态可疑，坚持己见提出异议。最终，他靠着自己严密的推理和逻辑以及惊人的毅力逐一说服了其他陪审员，推翻了原来的判决。

这个片子给人以强烈的精神上的震撼。片中主人公怀着对一个孩子命运的责任感，在承受着群体内各种压力的情况下，依然能够保持理性的思考，对看似确凿的证

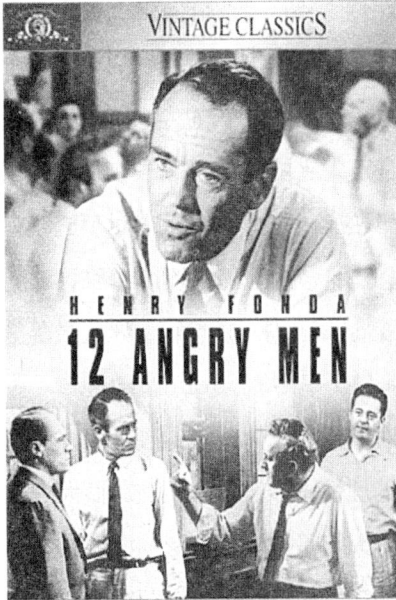

图 3-4　电影《十二怒汉》

图 3-5　《十二怒汉》剧照

据逐一进行批判性的思考和质疑，最终说服了其他11位陪审团成员，证明了被告的无辜。但是，不幸的是，我们必须承认，该电影是一种虚构，现实中，如果群体中只有一个人和其他人意见不同，那么这个人很难将整个群体的意见翻转过来。

图 3-6　电影《芝加哥》

埃米·巴赫（Amy Bach, 2010）的书《平常的非正义：美国法庭如何审案》（*Ordinary Injustice: How America Holds Court*）非常出色地说明了陪审团的群体动力机制是如何威胁到司法正义的。获得第75届奥斯卡金像奖6项大奖的电影《芝加哥》（*Chicago*）就是一个夸张的典范（图3-6）。社会心理学研究证明，人们可以采用行为科学的技术改变人们的信念、态度和行为，但是，可悲的是我们并不知道如何克服这种操纵。陪审团决策的悲观事实显示了群体动力对群体决策及个人决策的强大影响力，我们能够做的就是为陪审团做出公正的决策设置好决策情境和决策过程。

本章分别介绍了群体研究的四种视角：描述性视角、规范性视角、解释性视角和决策性视角。描述模型旨在通过对行为的观察和计数来精细刻画团队的活动内容；规范模型通过将团队划分为任务和人际两个方面，并在此基础上将团队的行为过程抽象为内容、过程和结构三个成分，为研究者理解和评价团队提供了模板；解释模型通过提出三种类型的基本假设团队，解读了团队行为的内在动力；最后，团队的决策模型通过描述群体极化和群体思维两种现象，说明了群体互动过程的巨大影响力。

以上四种研究视角为群体研究提供了大量的启发。例如，可以对群体过程进行录像编码，通过描述性的计数来了解很多群体动力过程；在群体研究方法的选择上，需要在准确性和内容的丰富性之间寻找权衡；要尽量避免基本归因错误，个体水平上发生的问题的根源可能存在于群体过程及所处组织体系之中；基于群体决策的研究启示我们，在群体早期发生的事情将会成为群体生活中的基本倾向，因此对团队形成之初的规范的管理尤为重要；最后也是最重要的，永远不能只通过一种途径或视角来观察和理解群体现象。

总之，群体研究是一个非常有趣，而且是有待开发的研究领域。人是群体性的动物，但是人类总是或多或少地和自己所在的群体之间有着不同程度的冲突和纠结。可以说，大多数人在群体中的经历并不顺利。因此，作为群体研究者，其基本使命就是基于对群体活动规律的理解，探索从各个角度对群体施加影响，以改善和提高人们在群体中的生活与工作质量。

参考文献和延伸阅读

Bach, A. (2010). *Ordinary injustice: How America holds court.* London: Macmillan.

Bales, R. F. (1950). Interaction process analysis: A method for the study of small groups. *Public Opinion Quarterly*, 13(3):388-389.

Bales, R. F., & Strodtbeck, F. L. (1951).Phases in group problem-solving. *Journal of Abnormal and Social Psychology*, 46(4), 485.

Baron, R. S. (2005). So right it's wrong: Groupthink and the ubiquitous nature of polarized group decision making. *Advances in Experimental Social Psychology*, 37, 219-253.

Beck, D., & Fisch, R. (2000). Argumentation and emotional processes in group decision-making: Illustration of a multilevel interaction process analysis approach. *Group Processes & Intergroup Relations*, 3(2), 183-201.

Cooke, R. A., & Szumal, J. L. (1994). The impact of group interaction styles on problem-solving effectiveness. *Journal of Applied Behavioral Science*, 30(4), 415-437.

Futoran, G. C., Kelly, J. R., & McGrath, J. E. (1989). TEMPO: A time-based system for analysis of group interaction process. *Basic and Applied Social Psychology*, 10(3), 211-232.

Hirokawa, R. Y. (1982). Group communication and problem-solving effectiveness I: A critical review of inconsistent findings. *Communication Quarterly*, 30(2), 134-141.

Hirokawa, R. Y. (1988). Group communication and decision-making performance: A continued test of the functional perspective. *Human Communication Research*, 14(4), 487-515.

Isenberg, D. J. (1986). Group polarization: A critical review and meta-analysis. *Journal of Personality and Social Psychology*, 50(6), 1141.

Janis, I. L. (1972). *Victims of groupthink: A psychological study of foreign-policy decisions and fiascoes*. Boston: Houghton Mifflin.

Janis, I. L. (1982).*Groupthink: Psychological studies of policy decisions and fiascoes* (vol. 349). Boston: Houghton Mifflin.

Kaplan, R. E. (1979). The conspicuous absence of evidence that process consultation enhances task performance. *Journal of Applied Behavioral Science,* 15(3), 346-360.

McGrath, J. E. (1984). *Groups: Interaction and performance* (vol. 14).Englewood Cliffs, NJ : Prentice-Hall.

Myers, D. G., & Arenson, S. J. (1972). Enhancement of dominant risk tendencies in group discussion. *Psychological Reports,* 30(2), 615-623.

Pruitt, D. G. (1971). Choice shifts in group discussion: An introductory review. *Journal of Personality and Social Psychology,* 20(3), 339.

Pruitt, D. G., & Teger, A. I. (1969). The risky shift in group betting. *Journal of Experimental Social Psychology,* 5(2), 115-126.

Schein, E. H. (1987). *Process consultation.* Cambridge, MA: Addison-Wesley.

Shani, A. B. (2002). Triggering creativity in teams: An exploratory investigation. *Creativity and Innovation Management,* 11(1), 17-30.

Stokes, J. (2004). The unconscious at work in groups and teams: Contributions from the work of Wilfred Bion. *Communication, Relationships and Care: A Reader,* 315.

Stoner, J. A. F. (1961). *A comparison of individual and group decisions involving risk.* Cambridge, MA: Massachusetts Institute of Technology, School of Industrial Management.

Teger, A. I., & Pruitt, D. G. (1967). Components of group risk taking. *Journal of Experimental Social Psychology,* 3(2), 189-205.

何铨. (2009). 群体过程与互动分析系统. 心理科学进展, (5), 1067~1074.

刘雪峰, 张志学. (2005). 模拟情境中工作团队成员互动过程的初步研究及其测量. 心理学报, 37(2), 253~259.

第四章

群体绩效

越来越多的组织和部门采用工作群体来完成任务，销售团队、服务团队、军事团队、医疗团队、科研团队等难以计数的工作群体类型遍布全世界的政府部门、军事机构及大小企业，而绝大部分组织采用工作群体来完成任务的一个最主要原因是，相对于个人而言，工作群体可以更好地完成某些任务。不管这个假设是否成立，毋庸置疑的是，工作群体的绩效好坏在很大程度上影响了运用这些群体的组织的整体绩效。

本章将首先对群体绩效的概念进行简要说明，紧接着将对群体有效性的标准、群体绩效的影响因素以及整体模型进行详细论述，最后我们将对促进群体有效性的五个条件进行介绍。

群体有效性的标准

群体有效性（group effectiveness）和群体绩效（group performance）都是描述群体表现如何的概念。群体有效性相对于群体绩效而言时更为宏观抽象，而在落实到具体研究层面时，研究者常常会测量群体绩效，以此作为群体最为重要的结果指标。

对群体表现如何这一概念的描述，也有研究者采用过群体产出（group outcome/output）、群体生产力（group productivity）等名词来表述这一概念。虽然这两个概念如今已经不太常用，但是在本章的后面部分关于群体绩效影响因素的经典模型论述中我们将重新看到这两个概念，并且它们在绩效模型中都扮演了非常关键的角色。

我们谈到，管理者和领导者组建工作群体的最重要的目的之一，就是借助群体的优势来完成个体无法或很难完成的任务。那我们如何来评价一个工作群体的任务完成得如何呢？我们的团队和群体到底有多有效呢？探讨清楚评价一个团队或工作群体有效性的标准，不仅对于团队已经完成的任务的考核具有直接的指导性意义，也为团队的干预、培训和提升提供了最为直接的理论依据。接下来我们将介绍哈克曼（Hackman, 2002）提出的评价工作群体有效性的三大标准，这些标准得到群体研究领域的普遍认可。

一、服务客户

团队的产出成果（包括但不限于团队的产品、服务和决策等）能够达到甚至是超越其客户（接受、评论或使用团队产出的人或组织）在任务数量、质量及时间性上的要求。

首先，一个团队是否有效，第一个标准就是团队的产品或服务是否满足客户的要求。客户的标准和评价才是最为重要的，而不是团队自己的标准和判断，也不是外在的研究者或评价者，甚至也不是团队的领导。团队管理者要做的第一步就是帮助团队识别其真正的客户的评价标准，然后想尽一切办法帮助团队满足这些标准。

但是，随之而来的一系列问题是：如果客户的评价标准很糟糕怎么办？如果客户的标准太高或太低怎么办？如果客户想要的是不恰当的或者甚至是违法的怎么办？如果客户根本就不知道自己究竟想要的是什么该怎么办？如果有多个客户，他们对于评价的标准难以达成一致怎么办？面对类似的问题，团队需要做的就是选择创新性的绩效策略。

例如，交响乐团的客户就是观众。交响乐团的成员们喜欢弹奏新的、对自己而言富有挑战性的乐曲，而观众则喜欢听熟悉的老曲子。交响乐团和观众对于好的音乐会的定义上的这种不同该如何调和呢？有三个交响乐团，其中一个完全迁就了观众的偏好，将自己转型成为一个全职的流行音乐乐团；另一个则走向另外一个极端，乐团演奏的是自己觉得好的曲子而不管观众的喜好；第三个团队则兼顾了观众和乐团对好的音乐会的定义，在熟悉的曲目中穿插一些对于乐团成员具有一定挑战性的新曲目。

有些团队很幸运，因为团队、管理者和它的客户对于评价团队工作的标准达成了共识。而对于那些不幸的团队而言，则有很多选择。他们可以选择教育自己的客户，可以选择更换客户，也可以选择完全听命于客户的要求。所有的这些方式，在不同的背景下，都可能是恰当的。

我们想要说明的是，尽管判断团队有效性的第一标准是团队是否满足客户的要求，但现实中，有效的团队往往需要通过选择恰当的策略，才能保持自己的生存。"团队做得很好，但客户实在是太笨"，"团队开发的新软件包很棒，但消费者缺乏洞见不去购买"，所有这些抱怨都是团队的失败，而这些团队的失败都源于一点，就是团队没有认真对待这样的事实，即团队的客户认为好的绩效是什么，那么好的绩效就意味着什么。一个好的团队知道并且会满足客户的期望，而一个卓越的团队则积极地影响客户的期望，并且超越客户的期望。例如，美国苹果公司（Apple Inc.）的产品往往能够超越顾客的期待。

二、团队的成长

团队在完成任务过程中所运用的社会过程能够提升其成员在将来继续合作中工作的能力。

我们可能会有这样的经历，在有些团队中的工作过程，尽管该团队最终完成了任务，并且就团队有效性的第一个标准而言，是满足客户的要求的，但是就完成该任务的社会过程而言，你可能再也不愿意在这样的团队中工作了。

随着时间的推移，团队成员日益了解彼此的长处和不足，并且日益善于协调彼此的行动，期待彼此的下一个行动并且做出恰当的回应。有效的工作团队的运转方式会促成共同的承诺、共同的技能以及适合于任务的合作策略，而不是彼此对抗和不断的失败。有效的团队变得越来越善于在严重的问题发生之前发现和纠正错误，并且越来越善于注意到并且尝试可能的机会，有效的团队会定期回顾自己做得怎样，从自己的经验中不断学习。

总之，与刚开始一起工作时相比，当工作完成的时候，一个有效的团队是一个更有能力的绩效单元，而不是相反的。

三、团队成员的学习和满意度

在群体中的经历能够积极促进作为个体的团队成员的学习和满意度。

工作团队可以为其成员提供很多东西。例如，团队是学习的一个好地方，可以拓展个体的知识，使个体获得新的技能，探索对于世界的不同看法。团队工作还可以给团队成员带来归属感，给团队成员带来安全感。当然，共同完成一个工作任务的经历会拓展个体的人际关系，有些工作中的人际关系最终会转变成友谊，从而超越了团队的背景。

既然团队有这么多好处，那为什么当我们知道自己需要和其他人一起组成团队完成任务时往往比较沮丧呢？因为过去的经历告诉我们，当团队工作不畅的时候有多糟糕。以往的经验也告诉我们，团队可能会给成员带来压力，使得团队成员彼此隔离，并且使得团队成员对自己的能力失去信心。很多工作群体，甚至可以说是大多数工作群体，给团队成员带来的个人学习和满足感与他们本可以做到的相比，相差很远。

群体有效性评价的三个标准适用于评价任何类型团队的有效性：团队的产品对于客户而言是可以接收的，团队随着在一起工作时间的增加共同处理问题的能力也随之增加，团队中的个体在这个过程中体会到意义感和满足感。但是，现实中，不同性质的团队可能对这三个标准赋予不同的权重。明确了团队有效性的标准之后，我们面临的真正挑战就是如何理解、设计和管理团队，从而帮助团队达到并超过这些标准。

第二节
群体绩效的影响因素与整体模型

伴随着群体研究的整个发展历程，对群体绩效影响因素的探讨从来没有停止过。本节分别探讨团队任务类型、团队构成、团队规范对团队绩效的影响，并在此基础上介绍影响团队绩效的整体模型方面的理论发展，包括由麦格拉思（McGrath，1984）最早提出并由哈克曼（Hackman，1987）改编的输入—过程—输出（inputs-processes-outcomes，IPO）模型，以及在经典IPO模型上新发展的输入—中介—输出—输入（inputs-mediators-outcomes-inputs，IMOI）模型（Ilgen，2005）。

一、团队任务类型影响团队合作模式

（一）群体生产力模型

为什么当人们在团队中工作的时候不能表现出他们本应该表现出的生产力？斯

坦纳（Steiner，1972）在他的经典著作《群体过程和生产力》(*Group Process and Productivity*) 中提出了过程损失的概念，试图回答这个问题。斯坦纳指出，团队具有巨大的潜力，无论是其拥有的资源、专业知识还是能力，都远远超过单个的个体。但是，团队很少能够达到它的最大潜能，因为大量人际过程削弱了团队的整体效能。斯坦纳的团队生产力公式是：

实际的生产力（actual productivity）＝潜在的生产力（potential productivity）－过程损失（process loss）

因此，即使当一个团队由非常有技能的成员组成，并且拥有完成任务所需要的一切资源，但是无效的群体过程可能会阻碍团队取得成功。当过程损失非常严重时，群体大于部分之和的可能性锐减。

林格尔曼（Ringelmann，1913）指出，过程损失的原因有两种，一个是动机损失，即人们在群体中可能没有他们一个人的时候工作努力；另一个原因是协作损失，即人们的努力缺乏同时性，从而影响了群体绩效的表现。即使是简单的拔河，团队成员由于在不同的时间用力和停顿，从而导致团队不能达到其最大的潜能（Kravitz & Martin，1986）。关于动机损失，我们在后面专门介绍，这里我们主要讨论一下协作损失。

斯坦纳（Steiner，1972）将团队工作过程中的协作问题与团队的任务类型联系起来，指出有些团队任务要求团队成员间较高的协作，只有团队中的每个人都做出自己的贡献，团队任务才可能完成，而有些团队任务则并不要求团队成员间很多的协作，即使不做任何努力以适应他人的行动，团队依然可能成功。例如，装配线上的工作团队的合作模式和篮球队员的合作模式就会有所不同。

斯坦纳提出了任务要求的概念，指出任务的可分割性、团队工作输出结果的类型以及完成任务所要求的组合规则都会影响团队完成任务的过程。就任务的可分割性而言，有些任务是可以分割成为小的子任务然后分配给不同成员的，而有的任务则是整体性的，不能分割。就输出结果而言，有的团队要求的是数量，而有的则要求的是质量。最大化的任务要求的是数量上越多越好，而最优化的任务则要求最符合既定标准的绩效表现。就完成任务所要求的组合规则而言，团队成员对于团队任务的贡献可以以不同的方式整合起来。例如，装配线团队的每个成员反复地完成特定的具体任务，当每个人都完成了自己任务的时候，团队任务就完成了；而乐队则不同，团队成员同时表现，每个人的贡献都必须与其他人的相结合。根据这三方面的不同特征，斯坦纳介绍了五种基本的任务类型。

（二）团队任务类型

1. 析取性任务

析取性（disjunctive）任务即团队必须形成一个结果，这个结果将作为团队的产品或成果。就析取性任务而言，团队能达到的绩效就是其最优秀的成员能达到的绩效。群体绩效等于群体中最佳成员的水平。举例而言，在学校运动会上，班级之间进行跳高比赛，各班中跳得最高的那个人就是群体的成绩。因此，跳高比赛是典型的析取性任务。

再举例而言，全班同学一起完成一个字谜游戏。从潜在生产力的角度来讲，对于这种析取性任务而言，团队人数越多，团队解决该问题的概率越大，但这种概率的增加呈现递减的趋势；从过程损失的角度来看，成员越多，大家你一言我一语，团队可能难以发现那个最佳答案，知道正确答案的人的声音可能会被忽略或者根本没有被团队听到。因此，综合考虑团队的潜在生产力和团队的过程损失，团队的实际生产力可能表现出这样的趋势：随着团队人数的增加，一开始团队的实际效能也呈增加的趋势，但是当团队人数增加到一定程度之后，小组实际效能的增加幅度减慢，并逐渐呈现降低的趋势。

2. 合取性任务

与析取性任务正好相反，合取性（conjunctive）团队任务的完成是所有团队成员共同努力的结果。团队的整体绩效如何取决于团队中最差的那个成员。举例来说，就登山团队而言，整个团队登山的速度取决于走得最慢的那个成员。

由此可知，就合取性任务而言，随着团队人数的增多，团队的潜在效能递减，过程损失增加，团队的实际效能随之递减。因此，如果是合取性任务，应该尽量保持较小的团队规模。例如，在流水线作业中，流水线上最慢的工人将决定整个流水线的速度，于是工厂中实际所做的是将机械工作分解、简化，使得流水线上每个工人的耗时都很短。但是，这样却导致了新的工作动机方面的问题。

3. 加成性任务

当团队从事的是加成性（additive）任务时，团队的绩效等于每个成员贡献的总和。因此，只要每个人完成自己的那一份工作，团队的绩效将会超过每个成员单独的绩效。但是，社会懈怠方面的研究表明，团队中的成员在加成性的任务中并不总是全力以赴。加成性的团队任务有集体扫雪、集体拔河等。

就加成性的团队任务而言，团队的潜在生产力应该随着团队人数的增加而增加；但是，现实中，过程损失也会随着团队人数的增加而增加。造成过程损失的主要原因有三：第一，社会懈怠，团队越大，团队中的个体越不认为团队的任务需要自己承担责任；第二，资源有限；第三，协调的成本，一方面需要每个人都全力以赴，另一方面还需要每个人都在同一个时间点上全力以赴，这样就需要协调。有研究发现，需要协调的人数随着团队人数的增加而增加。当团队人数小于10人时，不需要协调者；当团队人数在10~50人时，每9人需要1个协调人；当团队人数在50~150人时，每8人需要1个协调员；当团队人数在150~300人时，每6人需要1个协调员。因此，保持团队较小的规模非常重要。

随着团队中人数的增多，团队成员之间的关系链条迅速增加。当团队中有6个成员时，团队成员之间的关系链条是15个；当增加2人，团队人数变为8人时，成员之间的关系链条将近翻倍，变为28个；再增加2人，团队成员之间的关系链条增加为45个（表4-1）。过多的关系链条必然会导致沟通和信息传递等方面的困难，影响团队绩效。因此，在组建团队时，一定要尽可能保持小的团队规模。

表4-1 团队人数和团队成员之间的关系链条

团队人数	团队成员之间的关系链条
10	（10×9）/2=45
8	（8×7）/2=28
6	（6×5）/2=15

总之，就加成性团队任务而言，实际的生产力一开始随着团队人数的增加而增加，随着人数不断增加，生产力开始逐渐降低。

4. 补偿性任务

所谓补偿性（compensatory）任务，即把团队成员的个人判断或结论的平均值作为团队的结果。例如，每个团队成员对某个问题进行投票，团队领导根据投票的结果确定团队的意见。

弗朗西斯·高尔顿（Francis Galton）曾经做过这样的实验，他的疑问是，一群人的判断会不会比专家更准确。于是，他在当地的集市上进行了一场比赛，让大家"猜猜一头公牛有多重"。每个参赛的人都估计一下这头牛的重量，估计得最准确的那个人将得到奖金。高尔顿将人们的估计值带回家进行计算，他猜测大众的猜测一定很离谱。但是，这头牛的重量是1198磅（1磅约为0.454千克），而参赛的800人的估计平均值是1197磅，验证了"大众的智慧"（wisdom of the crowd）。在补偿性任务中，有的人过高估计了牛的重量，有的人过低估计，因此，群体的估计，也就是个体估计值的平均值，比专家以及大多数个体的判断都更为准确。

补偿性方法有效的前提条件是每个人的判断是独立的。现实中，群众极易受到社会影响，因此意见往往并不是彼此独立的。这样的话，如果决策是基于这种有偏的群众估计的话，风险将非常大。

5. 自由决定性任务

自由决定性任务相对无结构，属于自由决定（discretionary），可以采用各种不同的方式完成，因此，究竟采取哪种方式由团队或团队领导决定。

斯坦纳的模型在群体绩效领域具有开创性的引领作用，其模型的框架在很大程度上影响了后续研究者对群体绩效的研究思路。但我们也可以看到，这个模型也具有局限性。例如，拉森（Larson，2010）指出，斯坦纳的模型对现实中工作群体的看法无疑是充满悲观气息的，他只看到了群体过程的损失，却没有在模型中更明确地体现出群体也有获得增益（synergy）的可能性。尽管也有研究者（Hackman & Morris，1975）指出了生产力模型的"悲观主义倾向"，但是直到拉森关于群体增益的著作出现，才有了同时考虑群体过程损失和群体过程增益的群体过程与绩效模型。

二、团队构成影响团队绩效

影响团队绩效的因素多种多样，其中团队构成是研究者较为关注的主题。就团队构成而言，已有的研究思路主要有三个：第一个思路是研究团队内特定特征在整个团队中的平均水平与团队绩效之间的关系；第二个思路是研究团队内特定特征在整个团队中的变异程度与团队绩效之间的关系；第三个思路是从任务完成的角度来讲，就完成特定任务而言，团队成员所具备的能力上的互补性与团队绩效之间的关系。

探讨团队内特定特征的平均水平或变异程度与团队绩效之间关系的已有研究主要集中于两个方面。一类研究致力于探讨一般认知能力和团队绩效的关系，这些研究往往发现团队成员的平均能力和团队绩效之间呈正相关。另外一类研究则致力于探讨团队的人格构成，这类研究往往聚焦于团队中特定人格特征的总和或平均水平、团队成员之间的变异、团队成员中表现出特定人格特征的比例或者团队成员中的最高分和最低分。最为一致的发现是，团队在外倾性和情绪稳定性这类特征上的变异与绩效呈正相关。

与探讨团队内特定特征的平均水平和变异程度与团队绩效之间关系的研究有所不同，互补性的研究视角认为：团队成员在完成任务所要求的认知能力上的互补性比能力的平均水平和变异程度都更为重要。而且，一个团队仅仅拥有恰当的能力是不够的，要有效的话，一个团队还需要采用有效的绩效策略，使得团队可以恰当地利用其成员的才智。换句话说，当团队成员的能力是互补的，团队还必须确保每个成员在完成团队任务过程中所承担的角色是和他的能力相匹配的。

伍利（Woolley et al., 2007）关于团队能力构成的一个经典研究发现，团队拥有恰当的能力组合，并且根据团队成员的能力分配恰当的角色，这两点对于团队的有效性都非常关键。当具有必要能力的个体被赋予恰当的角色时，成员之间的沟通合作几乎是没有必要的；当具有必要能力的个体被赋予的角色与他们的实际能力不相符时，团队成员自发地彼此合作。具体来说，对于能力—角色不一致的团队而言，团队拥有完成团队任务所需要的所有技能，但是团队成员需要想办法将这些技能真正用于任务的完成之中。当他们成功地进行了合作，使得各自的才能都用于团队任务完成时，他们可以弥补最初由角色错位所带来的不足。但是，在能力缺失组中，团队完成任务所需要的特定能力是缺失的。这样的团队越是合作沟通，他们的绩效越差，因为通过合作获得缺失的专业技能是不可能的。团队成员花在毫无意义的讨论上的时间反而耽误了他们实际用于完成任务的时间。

　　这个研究给我们两点启示：第一，团队构成不是决定团队绩效的唯一变量；第二，沟通合作并不总是有益的。

三、团队规范影响团队绩效

　　所谓团队规范，即团队成员所接收的、适用于团队内成员的标准或规则，这些标准或规则描述了团队中恰当的思想和行为。研究者研究了团队规范对团队决策质量的影响，他们对比了保持一致的规范（norms for maintaining consensus）和批判性思考的规范（norms for critical thought）对团队决策质量的影响（Postmes, Spears, & Cihangir, 2001）。该研究采用了群体研究领域的一个重要范式——隐藏文档范式（hidden profile）。下面我们先对这一范式进行简要介绍。

（一）隐藏文档范式

　　在团队拥有的多样信息中，有些信息是全部成员所共有的，这类信息被称为"共享信息"（shared information）；另外一些信息是由单个成员所独有的，这类信息被称为"非共享信息"（unshared information）。团队要取得高质量的决策结果，需要成员们有效地交流并整合信息，特别是非共享信息，从而对每个决策选项做出更加全面客观的判断，并最终提升团队的决策质量（Lam & Schaubroeck, 2011）。图4-1是团队中的共享信息和非共享信息示意图。

　　尽管相较个体，团队在信息占有上存在优势，但大量的研究结果表明，团队对信息的分享和利用程度并不如人们预期的那样有效（Schulz-Hardt & Mojzisch, 2012）。具体而言，相较非共享信息，决策团队在讨论中会更加关注共享信息，即团队讨论中存在"共享信息偏差"（shared information bias）（Stasser & Titus, 1987;

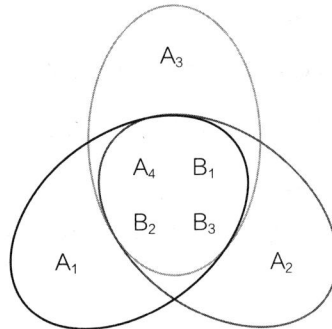

图 4-1　团队中的共享信息和非共享信息示意图

注：假设该团队由三名成员组成，分别在图中用不同的线表示，则A_1，A_2，A_3分别为三个成员各自的非共享信息，而A_4，B_1，B_2和B_3为三人的共享信息.

Schulz-Hardt & Mojzisch，2012）。共享信息偏差的存在反映出团队在信息分享整合过程中存在偏差，即团队未能充分发挥出个体成员独有信息的重要作用，而是更多地基于所有人都已知的共享信息来进行决策，这就可能导致团队得出的决策结果是偏差或错误的，从而严重影响团队的决策质量，也无法发挥其进行决策的优势（Reimer，Reimer，& Czienskowski，2010；Stasser & Titus，1985）。

对于共享信息偏差的研究绝大多数基于隐藏文档范式，该范式是由斯塔塞尔（Stasser）和泰特斯（Titus）于1985年提出的。隐藏文档范式为团队决策提供了一种情境模板，能够充分体现相较个体而言团队获取更好决策结果的潜在优势，因此该范式成为团队决策研究领域最重要的研究范式之一。该范式的核心目的在于，通过操纵信息分布，在个体层面隐藏决策的最优选项，即每个成员基于其所拥有的信息无法选择出正确选项，而只有当团队汇总了所有成员的信息，才可能做出正确决策。与之相对的是显性文档范式（manifest profile）。在该范式中，个体成员同样只拥有部分决策信息，但个体信息的指向与全部信息的指向相同，即成员仅凭自己拥有的部分信息即可得出正确的决策结果。相较其他范式，隐藏文档范式充分体现了信息分享对于团队决策的重要作用，因而在团队决策研究中得到了广泛的应用。

在隐藏文档范式中，团队需要根据每个成员所获得的信息，在若干决策候选项中（候选人A，B，C）经过讨论取得一致，从而选出最优的决策选项。在团队层面，每个决策选项都包含若干不同效价（积极、消极或中性）的信息。基于全部信息，根据每个候选项所包含信息的效价和条目数，团队可以正确判断出决策任务的最优选项（A拥有最多的积极信息则为决策最优选项）。在个体层面，团队的全部信息被分散给各个成员，一部分信息由全部成员共有（共享信息），另一部分信息由单个或部分成员所独有（非共享信息）（Stasser & Titus，1985，1987）。

在隐藏文档范式的信息分布设计中，最优选项的积极信息通常被设置为非共享信息，消极信息被设置为共享信息；而次优选项的积极信息被设置为共享信息，消极信息被设置为非共享信息。这样使得每个成员在其个人信息中，次优选项的积极信息多于最优选项，从而将个体指向错误的决策选项，实现对正确选项的"隐藏"（Stasser & Titus，1985；Lu et al.，2012）。

（二）保持一致规范和批判性思维规范对团队绩效的影响

在理解了隐藏文档研究范式的基础上，我们来看波斯特梅斯（Postmes，2001）关于团队规范对团队决策的影响的研究。

在正式实验之前，研究者通过实验操作，促使有些团队形成了保持一致的规范，而促使其他的团队形成了批判性思维的群体规范。研究结果发现，当群体规范是保持一致时，群体中的成员在讨论之前有11％的人做出了正确的选择；在讨论之后有22％的人做出了正确的选择，但是F检验表明这种决策改善的程度并不可靠，因为差异并不显著。但是，当群体规范是批判性思维时，群体中的成员在讨论之前也有11％的人做出了正确的选择；不同之处在于，讨论之后有67％的人做出了正确的选择，而且这种改善是统计显著的。进一步的分析发现，在追求一致组中，群体达成一致结论所需要的平均时间只有18分钟，而在批判性思维组中，群体达成一致所需平均时间为26分钟。两种类型的群体在对决策的满意度以及群体内聚力方面没有发现显著差异。

总之，该研究发现，群体讨论之后，追求一致的群体所做出的决策比批判性思维的群体要差，而且追求一致的群体更看重群体成员共有的信息。这个研究证明了群体规范对群体决策质量的影响。

四、群体绩效的整体模型

（一）输入—过程—输出模型（IPO模型）

麦格拉思在1964年最早提出了IPO理论的基础框架，经过哈克曼的完善，IPO模型成为另一个影响群体过程与群体绩效的经典理论。

IPO模型中的"输入"描述了促使和限制成员互动的先行因素。源于系统理论，IPO模型认为影响群体绩效的"输入"变量分为三个层次，从宏观到微观分别是组织层面的因素（群体结构特征、奖励结果、环境压力的水平等）、团队层面的因素（群体结构、群体凝聚力水平、群体规模等）以及个体层面的因素（群体成员技能模式、态度、人格特征）；群体绩效的"过程"变量指的是群体互动过程；群体"输出"包括两个方面，分别是群体绩效结果（绩效质量、解决问题的速度和错误数量等）和其他形式的结果（成员满意度、群体凝聚力、态度改变、社会经济结构等）（图4-2）。

IPO模型对群体研究的影响深远，输入—过程—输出的理论框架和思想以及模型对变量的分类基本上囊括了后续大量的理论探讨和实证研究的结果，尤其是作为链接输入变量和输出变量的唯一途径——群体互动过程，更是引发了大量群体和团队研究者的兴趣，其中群体交流（group communication）作为最为典型的群体互动过程行为，研究成果十分丰富，也为IPO模型的完善提供了强有力的支持。

IPO模型是群体研究领域最为权威的理论模型之一，自提出以来就在不断地发展和完善，也指导了群体研究领域大量的研究。通过总结20多年来的组织行为学研究，近

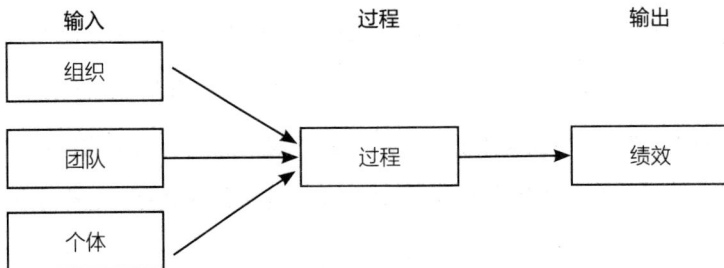

图4-2　输入—过程—输出模型

年来有研究者（Ilgen, Hollenbeck, Johnson, & Jundt, 2005）指出IPO模型的局限性并有针对性地进行改善，提出了输入—中介—输出—输入模型（IMOI模型）。

（二）输入—中介—输出—输入模型（IMOI模型）

IMOI模型对IPO模型进行了以下三个方面的补充和扩展。

首先，IPO模型没有区别多种类型的"过程"和结果。伊根等人（Ilgen et al., 2005）指出，在输入和输出之间起到中介作用的很多因素并不是过程，而是突生的认知或情感状态。突生状态（emergent state）呈现了团队的动态本质，并随着团队环境、输入、过程和输出而变化。它描述了团队的认知、动机和情感状态，与成员互动的本质是不同的。团队输出也有多重标准，团队绩效包括组织层次的绩效、团队层次的绩效行为与绩效结果以及基于团队角色的绩效。

其次，IPO模型只关注一类变量影响下一类变量的线性发展，但很多研究都已超越这种简单的关系，描述了各输入因素之间、过程因素之间、输入或过程因素与突生状态之间的交互效应。例如，研究发现，共享心智模式（突生状态）在团队过程和组织绩效之间起到中介作用。在IMOI模型中，组织、团队和个体三个方面的输入因素是嵌入或包含关系，即个体嵌入团队，团队嵌入组织，而组织处在更大的环境中，并且外层对内层的影响（图4-3左侧的实线）大于内层对外层影响（图4-3左侧的虚线）。

最后，IPO模型仅呈现了从输入到输出的单向路径，没有充分强调时间在团队功能中的重要作用。马蒂厄等人（Mathieu et al., 2008）归纳了时间影响团队的两种显著方式：发展模型（development model）和事件取向（episodic approache）。发展模型描述的是随着时间推移团队如何发生质的变化，并且当团队趋于成熟，它如何受到各种因素的不同影响。事件取向认为团队在不同的时间执行不同的过程，事件循环中的任务要求决定了具体执行的过程。

图4-3显示了IMOI模型。底部的实线表示，当团队趋于成熟，发展过程随之展开。同时，反馈环代表着事件循环过程，这种反馈实际上发生在团队从一个事件到另一个事件的过渡阶段，它不发生在某一个事件中。在图4-3中，从输出到下一阶段中介变量的实线表示这种反馈可能十分有力，而虚线表示输出和过程对下一阶段输入的影

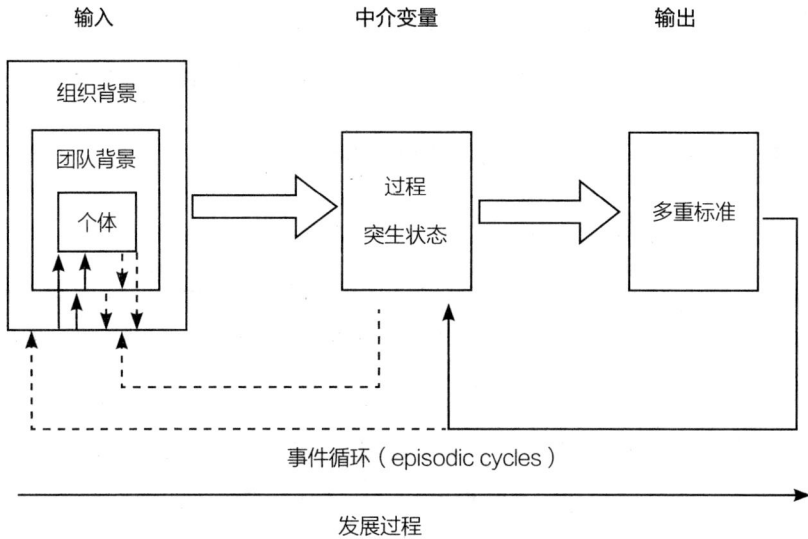

图4-3 输入—中介—输出—输入模型

来源：Mathieu, J., Maynard, M. T., Rapp, T. et al. (2008). Team effectiveness 1997-2007: A review of recent advancements and a glimpse into the future. *Journal of Management*, 34(3).

响较弱。这说明团队状态容易受到团队进程的影响，并且团队会根据结果采取不同的过程。而团队结果或中介变量对下一阶段的成员构成、团队结构、组织背景因素或其他输入的影响会更间接。

必须承认，影响团队绩效的因素很多，在团队构成和团队规范这部分我们主要介绍了两个经典的实验研究。团队规范对于团队中的个体行为和团队行为都有非常强大的塑造作用。作为团队的领导，在确保团队在人员构成上的互补性、团队在完成任务过程中能力和角色的匹配之外，推动团队内部形成有利于团队绩效的一系列规范也同样重要。

除了上述从不同角度对影响群体绩效的因素进行独立的探讨之外，群体领域的研究者还构建了理解群体绩效影响因素的整体框架。IPO模型和IMOI模型代表了学者从整理的和多层次的视角理解群体绩效决定因素的努力。

在探讨了群体绩效的影响因素及相关的理论模型后，我们将目光聚焦在促进群体有效性的五个条件上。哈克曼（Hackman，2002）认为，尽管促进群体有效性的五个条件不能保证群体一定具有高绩效，但是群体所具有的这些促进性条件越多，成功的可能性就越大。

一、团队是一个真正的团队

组织中一个真正的团队必须有四个特征：①真正的团队任务；②有清晰的边界；③团队有明确的权力可以管理自己的工作过程；④在一定时间段内团队成员是相对稳定的（图4-4）。下面我们依次介绍这几个特征。

（一）团队要完成的是真正的团队任务

真正的团队任务要求团队中的成员一起工作从而生产出产品、提供服务或进行决策（图4-5）。团队的成员对这些产品、服务或决策共同承担责任。团队的成果形式并不重要，可以是一件物品、一次服务、一个决策、一场表演或者是一份报告。重要的是，团队的产出作为团队合作的成果是可以识别的，并且这些产品、服务或决策被客户接受的程度在理论上是可以被测量或评估的。

组织中有很多群体被称为团队，而实际上这些所谓团队并不是真正意义上的团队，只不过是同时工作的共事群体（co-acting group）。设计共事群体的管理者可能既希望获得团队合作的优势，又希望可以继续直接地管理每个员工的个体行为。但实际上并没有两全其美的事情。如果你希望得到团队设计的优势，你就必须将工作交给

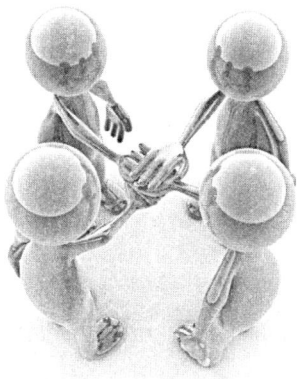

图 4-4　真正的团队

图 4-5　团队任务

团队。因此，在组织中进行工作设计时有两个选择，要么针对团队设计，要么针对个体设计。介于两者之间的设计和管理是有问题的：用团队的形式而实际上工作是由个体完成的，或者直接对个体进行管理而工作本身实际上是整个团队的责任。这种混合的方式往往会产生沟通、激励进而是工作绩效上的严重问题。

因此，团队管理者要做的第一件事情就是确认团队要完成的工作是适合于以团队的方式完成，该任务要求团队成员通力合作，并且团队工作的成功是可以识别的集体努力的产物。如果团队承担的工作不符合这样的特征，更明智的选择可能是以个体的方式对工作进行设计和管理。

（二）团队有清晰的边界

图 4-6　团队边界清晰

清晰的边界是指团队成员需要知道自己所在的团队都有谁（图4-6）。如果团队成员构成是模糊的，而且团队成员不了解究竟谁属于团队、谁对团队任务负有责任并且在需要的时候是可以依靠的话，团队往往容易出现问题。

团队边界清晰并不是说团队成员必须在

同一个时间、同一个地点一起完成工作，也不是说团队成员不能随着时间的推移而发生变化。拥有清晰的边界仅仅强调团队成员知道实际上谁属于团队。这一点看起来很简单，但却是很多团队存在的问题。

一个具有清晰边界的团队更容易凝聚成一个绩效单元，相反，如果团队成员一直没有形成具体的角色分工和共同遵守的规范，团队中的成员也一直在团队中"进进出出"，那么成员需要不停地适应边界不清的团队，甚至没有太多时间来完成一个共同的任务，那么团队很难变得有效。组织心理学家克莱顿·奥尔德弗（Clayton Alderfer）将这样的系统称作"约束不足"。约束不足的系统完全被环境的变化所左右，团队对于他们自身的存在和一致性缺乏必要的感知。对于边界不足的团队而言，让这样的团队形成并且遵循一致的策略来完成一项任务是根本不可能的。

与边界不足的概念相对应，还存在另外一种情况就是"约束过度"。约束过度的团队是一个孤岛。尽管团队成员构成和团队身份是完全清楚的，但是这样的团队与自己所处的环境是封闭的。团队成员往往容易忽视环境中的重要变化，即使他们意识到了环境中的变化，他们也难以恰当应对这些变化。而且这样的团队往往不进行跨边界的交流，尽管这种交流对于团队绩效而言是非常重要的。

相比较而言，约束不足的情况在工作团队中是更普遍的问题。管理者团队尤其容易出现约束不足的问题，因为管理者的主要工作往往要求很多其他个体和群体的卷入。这就使得核心团队的边界容易模糊。当研究者询问管理者，他的团队都包括哪些人时，得到的回答往往是："嗯，这个问题说不清楚，取决于你准备如何定义这个团队。"因此，即使是团队的领导，也难以给出一个明确的清单说明自己所在团队的构成。一般而言，团队中有几个核心成员，他们很明显是属于该团队的，但是，除了这些核心成员之外，团队的成员构成是模棱两可的，因为有些人是部分成员，有些人给团队提供信息或资源但是实际上并不属于团队，还有一些人很明显并不属于团队，但是同样明显的是他们对于该任务的完成非常重要。

（三）团队有明确界定的权力

界定权力是指划定团队的权力范围。对于团队权力边界的划定最好进行明确说明，否则团队在完成任务的过程中会遇到两种风险，一种风险就是不愿意做决策，因为担心自己没有做决策的权力；另一种风险就是跨越他们实际应该具有的权力的边界。避免这两种风险的方法就是，管理者在团队形成之初就明确说明团队究竟有多大的权力，并且应该确保团队成员理解哪些决策应该是由他们做出的，而哪些决策则不应该由他们做出。

当管理者将本属于自己的权力转移给工作团队的时候，领导和团队成员都会经历大量的焦虑、不安和矛盾的心理。当领导告诉团队，"现在这就是你们团队的责任了，你们需要对你们所做的工作承担责任"，这时候，在团队和它的管理者之间，以及在团队成员之间，将会形成一种微妙而有趣的社会的和情感的暗流。

确定团队的权力范围时需要考虑四个方面，思考针对下述四个方面的功能由谁来承担对于团队而言是最好的。需要注意的是，这四个方面是任何一个组织单元都必须实现的功能。

① 第一个层次的功能，也是最为基本的功能，就是执行任务，投入身体和精神的力量来完成任务。

② 第二个层次的功能是监督和管理工作过程，就工作完成的过程收集数据并且对数据进行解释，在必要的时候采取行动进行纠错。

③ 第三个层次的功能是设计绩效单元，为团队任务的完成落实必要的组织支持，明确任务的结构，决定由谁来参加完成该任务，建立工作行为的规范，并且确保他们拥有完成任务所必需的资源和帮助。

④ 第四个层次的功能是为团队设定方向，规定共同的目标。

在不同的组织和团队中，对于这四个层次的功能如何在管理者和团队之间进行分配差别迥异，团队的设计者需要结合自己组织和团队的实际情况找到最适合双方的权力界定范围。

（四）团队保持相对的稳定性

随时间的稳定性是指一个真正的团队需要保证其成员在一定时间内的稳定性。研究证实，成员构成相对稳定的团队比那些人员不断调整的团队的绩效更好。

美国国家运输安全委员会对航空机组人员发生事故的数据进行了分析，想要知道在什么样的情况下容易出现事故。研究结果发现，国家运输安全委员会的数据库中的事故有73％发生在机组人员一起飞行的第一天，而其中的44％发生在机组人员的第一次合作中。机组人员在才开始形成团队的时候是最容易出现事故的。因为他们还没有机会在实际的经验中学习怎样作为一个团队进行良好运转。这个研究对于航空公司和乘客都有深刻的含义。

实际上，在这个研究之前的另外一个发现也证实了同样的结论。美国国家航空航天局的一项研究本来是想寻找疲劳对飞行员行为的影响，结果出乎意料地发现保持飞行团队的稳定性可以减少事故。研究人员招募了大量的机组人员，这些机组人员刚刚完成几天的飞行任务，因此相当疲惫。该研究在模拟飞行器中设置了具有中等挑战性的任务，让被试完成，并且将这些疲惫的机组人员和充分休息的机组人员的绩效进行比较。结果表明，那些疲惫的机组人员的确比那些充分休息的人员发生更多的错误。但是，令人惊讶的一个发现是：疲惫的机组人员作为一个团队，和那些有充分休息的但是以前从未合作过的成员组成的新团队相比，所犯的错误要显著少于后者。因此，作为团队在一起工作的经历远远弥补了由个体疲惫所带来的对绩效的影响。

有很多原因可以解释为什么成员稳定的团队绩效表现更好。首先，成员彼此熟悉，也熟悉共同的工作和工作环境，因此他们可以直接专注于工作本身而不用浪费时间和精力去熟悉新的同伴和环境。其次，团队成员对于工作的情境形成了共同的心智模型，这种共同的心智模型随着时间的推移和经验的积累，比个体的心理模型更完整；再次，他们形成了共同的知识库和交互记忆系统。所谓交互记忆，即团队成员彼此作为对方的记忆提示，使得团队的记忆远远大于任何个体的能力。团队成员在合作的过程中逐渐了解到谁对哪个方面特别了解和擅长，并且在恰当的时候使用恰当的团队成员的知识和技能。他们知道如何调整，使得团队内不太能干的成员在关键的环节不会拖慢团队的整个进展。最后，随着合作时间的增加，团队内会逐渐形成对团队的承诺，以及团队内部成员彼此的关怀。

总而言之，一个相对稳定的团队使得成员有机会积累共同的经验，并且从经验中学习。更为重要的一点是，只有团队相对稳定，卓越的团队领导才有可能出现。创造真正的团队就好像构建组织的基石。如果团队作为基石没有塑造好，那么组织这个大厦的上层再如何装点都不可能达到非凡的绩效，因为无法弥补团队作为绩效单元本身存在的问题。

睿智的领导通过创造真正的团队为团队有效性搭建坚实的基础。正如我们前面提到的，首先，需要确保团队所承担的任务是适合于采用团队的方式完成的，并且该任务要求成员相互依赖彼此合作；其次，建立其清晰的但是具有一定渗透性的团队成员边界；再次，赋予团队重要的但是范围清楚的权力以管理自己的工作；最后，确保团队在完成任务的过程中保持一定程度的稳定性。创造一个真正的团队是团队有效性的所有其他条件的前提，如果不注意确保构建一个有效的团队的话，不仅团队和它所服务的客户会遇到麻烦，团队领导在管理团队的日后实践中也会遇到异常多的困难。

二、团队具有引人入胜的目标

好的团队目标有很多好处，有助于显著提高团队有效的可能性。引人入胜的团队目标有三方面必备的特征：首先，这个目标是富有挑战性的，这样有助于激励团队成员，激发团队成员的动机；其次，这个目标是清晰的，从而可以有效地引导团队，使得团队成员可以依据团队目标选择恰当的工作策略；最后，这个目标是重要的，促使团队充分利用团队成员的知识和技能。

需要说明的是，引人入胜的团队目标想要真正发挥作用，仅仅是口头上说是不行的。如果一个团队的目标事实上并不具有挑战性，不清楚，也不重要的话，仅仅是口头上讲它很重要，久而久之是没有用的。即使有非常具有领袖魅力的领导和非常具有煽情效果的演讲，这样的演讲效果也不会持续太久。如果团队工作本身是微不足道的，那么即使被讲得天花乱坠，这样的团队目标也很难激励、指引和充分利用团队成员的知识和能力。

团队的目标由谁来赋予随着情境的不同而不同。有时候是团队的领导；有时候是团队外的领导；有时候是团队自己，如自我治理型团队。关键问题在于明确谁拥有合法的权威为团队设定目标，而且应该确保该权威是胜任的，并且所设定的目标是令人信服的。一个好的团队目标非常重要，它可以激励、引导团队成员并且让团队成员完全卷入团队任务。

所有人都追求自己所做的事情以及自己生命的意义和价值。当团队所追求的目标与团队成员发生共鸣时，成员的动力将在极大程度上被激发出来。

卓越的政治家往往善于通过共同的目标激励和引导群体的行动。例如，马丁·路德·金（Martin Luther King）于1963年8月28日在林肯纪念堂前发表《我有一个梦想》的演说，领导了美国黑人民权运动（图4-7）。1964年度诺贝尔和平奖获得者马丁·路德·金给人们树立的理想是那么鼓舞人心，即使到了今天，看着当时的视频都令人心潮澎湃，愿意为这份崇高的事业贡献自己的力量。

树立一个明确并激动人心的目标对于组织和团队的领导而言非常重要，影响团队绩效过程损失的两个主要因素之一就是动机损失，即当人们在团队中工作时，人们并不总是愿意那么努力。但是，一个激动人心的目标往往能够调动起团队成员的工作热情，从而提高团队绩效。

对于有些团队而言，团队的目标不言自明。比如参加亚运会的男子足球队，他们

图4-7　马丁·路德·金：《我有一个梦想》

团队的目标就是取胜。但是，并不是所有的团队目标都是不言自明的，这个问题对于管理者团队尤其突出。管理者团队的主要职责是组织和管理他人完成工作，他们往往有多个目标要实现，究竟选择什么样的目标作为团队目标，对于团队每个具体事务的决策将发生深刻的影响。例如，学校的管理者团队可以选择学校的教学质量作为目标，也可以选择学校的科研影响力作为管理团队的目标。尽管我们可以说，应该寻求多个目标之间的均衡，但是哪一个目标更具有优先地位仍然需要在团队内部的成员之间达成一致，否则管理者团队内部会出现严重的分歧，这种分歧会表现在团队的每一个重大的决定甚至是每天的具体决策上，团队成员将耗费大量的时间和精力就如何有效利用有限的资源进行争论，这必然会影响整个组织的有效性。

因此，目标非常重要，一个好的团队目标会给团队以方向，并且当他们在面对难以决策的问题时，目标可以作为决策的重要指南，帮助团队恰当地选择完成任务的策略。好的团队目标使得团队成员完全卷入，致力于将自己的力量和才智贡献在团队任务的达成上。这包含两层意思。一层意思是，当团队成员认为自己所做的事情非常重要的时候，他们往往会更加努力；更为重要的一层意思是，一个好的团队目标会动员团队所能够动员的所有知识、技能和经验用于团队任务的达成。当一个团队拥有非常重要的目标时，我们很少看到团队中有人无所事事地看其他成员忙于完成团队任务。相反，我们经常看到的是，每个人在做自己最为擅长的那部分团队工作，有时候我们还会看到那些有经验、有能力的成员主动去帮助那些仍处于学习阶段的同事，帮助和教会他们如何更好地完成任务。

最后，我们知道设定引人入胜的目标非常重要，但是，具体而言，团队目标中应该就哪些方面进行界定呢？团队目标中是不是应该仅仅包含团队的终极使命（只规定目标）？还是说团队目标还应该对团队完成该目标的方法进行说明（既规定目标又规定方式）？或者，目标中是不是只要说明团队工作的方式即可，只要团队以正确的方式工作，好的结果就确定会出现（只规定方式）？

如果要鼓励自我管理、目标导向的工作的话，那么团队的领导者应该明确团队的目标，但是，对于团队完成该目标所采取的具体方式不应该规定。当团队的目的明确了但是完成任务的方式并没有被规定的时候，团队成员可以（事实上是被鼓励）去充分利用他们所有的知识、技能和经验，设计和采用最适合团队目的和所处环境的方式来完成团队任务。而且，在团队成员一起讨论完成任务的最佳策略和方式的过程中，他们会重新思考和讨论他们的整体目标。在这个讨论的过程中，团队成员反思、进一步明确并且深化了他们对于共同目标的理解。这样一来，可以避免团队在实际执行过程中走偏。

这种促使团队深入思考的管理方式适宜于任何任务执行团队，但是对于那些要求高度可靠性的任务执行团队而言，这种方式尤为重要，如核发电厂的操作团队、医院里的手术团队。这种深入思考的方式也有助于团队提出创新性的解决方案。这些方案可能是事先无法计划的，事实上，那些创造这些团队并为它们赋予团队目标的人根本想象不到的方式可能会在这个过程中产生。仅仅说明目的然后就走开，让团队自己决定完成任务的方式，这种团队管理方式对于领导者而言是一种挑战。事实上，我们后面还会讲到，领导并不是一走了之。为了提高团队有效性，领导可以做很多事情，包括为团队构建起一个有效的结构，确保组织系统和实践支持团队的工作，并且给团队提供及时的恰当指导和帮助。

当工作非常重要，如任何错误都可能导致严重的后果，管理者只规定团队的目的而不限制团队完成任务的方式是可取的。在这种管理方式下的工作团队对于突发的问题、信息和机会能够做出迅速和灵活的反应。但是，现实中，负责重要任务的团队往往被同时规定了团队目的和实现该目的的方式。诚然，目标和方式都被规定的团队可以表现得非常出色，但是，团队的绩效在很大程度上取决于管理者所规定的完成绩效的策略的有效性，以及管理者是否能够有效地鼓励团队成员严格按照所规定的方式去做。团队的绩效更多地与管理者设定的策略以及管理者个人的领导能力有关，与团队自身的能力和潜能关系不大。

明确规定团队的目的和方式强化了领导者对团队的控制，使得领导者的焦虑水平处于一个舒适的范围内。但是，领导者的这种个人舒适是以对人力资源的极大浪费为代价的，因为这样并没有充分利用团队成员的才能和经验，反而降低了团队产生创造性思维和方法的可能性，使得团队不能灵活地面对执行任务过程中出现的不确定性事件。这样做的风险是团队成员专注于完成被规定的任务，而不是思考如何更好地实现团队目标本身。

既不规定团队的目的，也不规定团队的工作方式，团队将会陷入一种无政府状态。团队成员可能会追求他们每个人所希望的目标，但是整个团队缺乏共同的焦点，这样的团队也可能会逐渐消亡。

唯一一个比这种既不规定方式也不规定目的的管理方式更为糟糕的就是只规定了完成任务的方式和程序，但是对于团队的目的却没有说明的情况。时任美国花旗银行副总裁、具体负责股票交易部门的乔治·西格斯（George Seegers）曾经讲过这样的一段经历：

当我第一次走进花旗银行的时候，我想知道我的部门中每个人都在做什么。我遇到的第一个人是一个上了年纪的女士，我坐在她的旁边，问她："你在做什么？"她回答说，"我弄黄色的票据"。我说，"哦，黄色的票据是什么？"她说，"就是黄色的。我把这个黄色的纸拿过来，给上面盖个章子，然后在把它放在那边"。我说，"可是黄色的票据究竟是什么呢？"她看着我，然后说，"抱歉，先生，不过难道你是傻子吗？这就是黄色的票据。我把它拿过来，盖上章子，然后放到那边去。这就是我所做的"。这位女士根本不知道自己所做的这部分工作在整个工序中扮演的是什么样的角色。

在这样的团队中，团队成员根本不知道他们所做事情的目的是什么，而且他们也没有权力改变预定的工作流程。团队的成员过于关注任务的过程，而对于团队共同的目的、他们一起工作的真正原因不加思考。当团队处于这样的状况中时，我们看到的是最糟糕的团队。这样的团队的产品或服务不能满足客户的需要，团队的能力随着时间的推移而日益糟糕，而且团队中的成员个体也没有在团队生活中有所成长和学习。

一个是只确定目的但不规定方式的团队，和一个是只规定方式但不说明目的的团队相比，它们所形成的团队动力截然不同。当团队成员对团队的目的明了而同时又有权力自己选择完成任务的方式时，团队体验到的是被赋予权力；而当团队成员只知道依照程序做事而根本不知道自己这样做的目的和意义时，这样的团队将遭遇一个又一个失败。

三、团队具有促成性的结构

构造团队的结构就好像建造一个房子时搭建房屋的结构，设计师并不需要明确规划房子中的每一个细节，只需要将每个房子都需要的主体结构搭建起来。团队的管理者和房子的设计师一样，并不需要对团队结构的所有方面都详细规定。一个智慧的领导往往主要关注团队结构特征的几个主要方面，为团队完成任务搭建起一个良好的基本框架，给团队足够的空间，使团队根据自己所处的环境调整其结构的其他细节方面。研究表明，有三种主要的结构特征是团队有效性的重要条件。这三个结构特征分别是：①团队工作设计；②团队规范；③团队构成。下面我们分别来详尽探讨上述三个方面对团队的影响。

（一）团队工作设计

哈克曼和奥尔德姆（Oldham）认为，有些工作特征会提高个体的内在工作动机。当人们认为自己的工作是有意义的，感到自己对工作的成果承担着责任，并且能够得到关于自己努力的可信的反馈时，人们往往拥有较高的内在工作动机。尽管团队在一起可以完成很多个体无法完成的任务，如建造高楼大厦、建造飞机船只，这样的系统工程不是任何一个人可以完成的，从这个角度讲，似乎团队越大越好，因为人多力量大。但是团队越大，另外一个影响团队有效性的风险随之而来，即社会懈怠。随着团队人数的增多，团队中搭便车的人越来越多，人们努力工作的动机受到团队人数的影响：反正这么多人，也不在乎我一个人不全力以赴。即使团队任务设计良好，社会懈怠仍然难以避免。有经验的团队领导克服社会懈怠的方法，一方面是确保团队任务的设计尽可能是最佳的，但同时也尽量让团队的规模限制在一个合理的范围之内，避免规模过大带来的负面效果。如果团队任务给团队成员提供大量的自由去决定他们将如何使用他们的人力和物力资源来一起完成工作的话，那么集体的内在动机也会得到提高。

就团队权力而言，团队至少应该具备监督和管理自己工作过程的权力和责任。但是，工作团队并不总是能够以团队设计者所设想的方式去使用他们的自主权。尽管一个拥有自主权的团队有能力为其客户提供出色的产品和服务，但是，当这样的团队走偏的时候，他们可能会变得很糟糕。例如，某航班的机组人员有权力自主安排机舱内的储物箱，而这些机组人员把自己的箱包放在方便的位置而不是致力于为机舱内的乘客提供最好的服务。因此，当团队从事的任务非常重要时，管理者总是倾向于精确规定每个细节，他们认为这样可以将风险降到最低。但是，这样做却严重地限制了团队完成自己任务的自主权。结果是严重影响团队的绩效以及团队对非常规事件和机会的灵活及时的反应能力。

学习的发生需要学习者了解自己行为的结果。当团队任务的结构使得团队中每个团队成员都得到可靠的绩效反馈，整个团队也可以得到相应的反馈时，团队及其成员学习的可能性便增加了。如果团队营造出心理安全，从而愿意和敢于探索团队成功和失败的原因的话，团队集体学习的可能性将进一步增加。但如果反馈仅仅是针对团队成员个体的话，团队集体学习的机会将很小。没有集体学习，进步和绩效改进将无从谈起。但是当团队的设计不好时，团队成员往往会忽略或漠视学习的机会，即使他们得到了大量有关自己行为的准确反馈。这样的组织和团队不是一个学习型的组织，他们对于自己行为的准确反馈持一种否认和拒绝的态度。他们并不希望得到任何关于自己行为的反馈，因为他们不愿意根据这些反馈进行反思，思考如何改进自己的生产率，提高自己的效率和服务质量。相反，这样的组织和团队中的成员往往彼此安慰，说自己的组织和团队在各个方面都做得非常好。当有人提出改善和提高的建议时，他们会认为这些人根本不了解一线作业的实际情况，客户在他们眼中是永远不知满足的刁民。他们彼此安慰，说自己已经干得很好了，明确地拒绝或者思考任何有关他们拙劣绩效的数据和反馈。

在设计团队任务时，应该确保团队成员认为自己的工作是有意义的以及自己对这项工作承担责任，并且自己干得好还是不好会有准确及时的反馈。

（二）团队规范

团队规范说明了在团队中哪些行为是可以接受的，哪些行为是不能接受的。那些团队认为合适的行为会得到强化，那些团队认为无法接受的或是不恰当的行为将受到惩罚。团队规范可以是团队成员所关心的任何事情，尽管在实践中团队规范往往集中于那些团队成员认为重要的行为上。例如，如果团队成员不希望人们彼此打扰或者每次会议都应该按时到达，他们需要做的就是就这些规范达成共识，随后，那些打扰别人的人或者那些开会迟到的人就会遭到团队成员的惩罚，这种惩罚包括皱眉、摇头、叹气甚至不被接纳。当一个团队的规范有力地塑造着团队成员行为的话，人们很难看到偏离团队规范的人。而且，对于什么行为是可以接受的，什么行为是不可以接受的，越多的成员认可，遵循该规范的约束力就越强。

人们往往将注意力集中于那些与团队内的互动有关的规范。事实上，如果将团队规范分为指向外部的规范和指导调节内部团队过程的规范的话，那么更为根本的规范是指向外部的规范，即那些处理团队和它所处环境的规范。一般而言，这类规范包括：①团队成员应该对团队所处的环境保持一种积极的而不是反抗的态度，这种规范可以确保团队完成任务所采取的策略和方式是恰当的，而且团队能够敏锐地觉察到环境中的机会和阻碍；②明确规定团队运行的行为边界，明确哪些事情总是被鼓励的，而哪些行为团队成员永远都不要做，这样可以确保团队成员不会无意间违反其所处组织的要求和限制。指向外部的规范有助于推动有效的团队行为，也为团队提供了一个坚固的平台。在这个平台上，团队成员可以继续建立其他的规范，用于指导和规范内部的团队过程。指向内部的团队规范除了我们刚才所举的例子如开会准时之外，常常能起到良好作用的规范还包括倾听、信息共享、积极参与、尊重和信任。

规范的形成有以下三种方式。

第一，基于自己以前的团队经历，每个团队成员都带着对团队中成员行为的某种期待，这些期待是他们认为在这样的团队中可以接受的行为。如果团队成员的经历是相似的，团队中成员的行为将表现出秩序，团队中的行为受到无形的、从来没有被公开讨论过的规范的引导。这样的情况经常发生。例如，我们都知道，在人多的地方不要大声喧哗，参加正式的会议应该穿正式的颜色庄重的服装。在这些场合中行为是有秩序的，尽管群体规范从来没有被提出和讨论过。

第二，随着团队成员尝试不同的行为，逐渐在互动的过程中形成和发展起来大家都认可的规范。逐渐地，团队成员发现有些行为功能良好而且会在团队中得到积极的评价，而有些行为则没有达到期望的效果甚至有时候会给团队成员带来麻烦。随着时间的推移——一般而言并不需要太长时间——那些团队成员认为重要的行为就会逐渐形成规范。

第三，有意识地创造规范，使它成为团队结构的一部分。这里我们难免会提出一个问题，促进团队有效性的核心规范如果是自然而然地通过团队成员引入的方式或者是通过在团队的日常生活中逐渐形成的方式形成的话，是不是比明确地创造这些规范的人为方式更有效？尽管并没有关于团队规范形成方式有效性的实证研究，但是通过对大量团队的观察研究者发现：团队成员个体引入的或者是团队逐渐形成的规范往往是聚焦于保持团队内部人际关系和谐，避免冲突；保持团队成员的焦虑水平在较低的程度。因此，自然而然形成的规范往往对保持团队内部和谐的人际互动有利，但是并不一定有助于促进团队的有效性以及团队所服务对象的长期利益。因此，致力于推动团队有效性的规范，尤其是刚才我们所描述的两个指向团队外部环境的规范，往往不能通过自然的方式形成，而是需要明确地、有意识地构建起来。

另外，我们还可以将团队的规范划分为首要规范和次级规范。首要规范是指向团队与其所处环境之间关系的那些规范，而次级规范则是用于指导和协调团队成员彼此关系的规范。次级规范可以覆盖团队成员想要包括的任何类型的行为，而且次级规范在不同的群体之中往往存在差异。因此，大家可以看到，不同的群体可以针对自己认为重要的行为设定相应的规范，而并没有一个普遍适用的群体规范。当然，大多数团队都发现设立有关准时、参与、沟通和冲突管理方面的团队规范往往是有益的。

规范是团队结构非常重要的一个方面，因为它是协调和调节成员行为的一个非常有力和有效的方式，但是并不是所有规范对促进团队有效性都是一样的重要。团队领导最为重要的事情是帮助团队建立起那些有助于团队胜任完成其工作的核心规范。这些核心规范更多指向团队所处环境，引导团队成员处理好环境中的机会和限制，并且明确外界可以接受的团队行为的边界。确立起了这些核心规范之后，团队领导完全可以退后一步，让团队在完成工作的过程中逐渐形成有助于其完成任务的次级规范。

（三）团队构成

关于团队构成，人们在组建团队的时候往往容易犯三种错误：首先，他们认为人越多越好，因此在团队中加入了过多的人员；其次，他们认为比较相似的人更容易融洽相处，因此他们组建出过于同质的群体；最后，他们认为每个人都知道应该如何在团队中行为，因此忽视了团队成员的人际技能。

1. 团队规模

首先我们来看团队的规模问题。一架波音737飞机只需要2名驾驶员，一个陪审团需要12人。不用多也不用少。但是，在实践中，尽管有时候团队管理者也会组建过小的团队来完成他们无法完成的任务，但更常见的情况是大多数团队的人数都比实际需要的多。那是不是人越多越好呢？我们前面曾经介绍过斯坦纳的研究。斯坦纳指出，尽管团队的潜在生产力随着团队人数的增加而增加，但是边际效益是递减的。也就是说，尽管每个新增加的成员可以给团队带来一些贡献，但是新增加的贡献没有前一个人多。因此，给一个2人团队中增加第3个人，和给一个12人的团队中增加第13个人相比，前者的新增贡献要大很多。同时，由于过程损失的存在，团队从来没有达到其潜在生产力。这里的过程损失有动机性的，也有协作性的。过程损失也会随着团队人数的增加而增加，但是过程损失的增加呈现出递增的趋势。由于团队实际的生产力等于潜在生产力减去过程损失，因此，团队实际生产力随着人数的增加在一开始呈现增加的趋势，但是随着人数的进一步增加，实际生产力将随着团队人数的增加而减少。实际上，团队人数的增加所导致的问题远远超过了新增人员创造的收益。

那有没有一个最佳的团队规模的数字呢？这样的团队规模，一方面可以最大限度地发挥团队成员的知识和技能，另外一方面又将协调和保持团队成员工作动机的成本尽量保持在最低的程度。尼尔（Neil）和哈克曼曾经做过一个研究，他们组成了由2~7人组成的团队，用来考察团队规模对团队过程和完成各种智力任务的绩效的影响。团队完成任务之后，他们要求团队成员采用5点量表，独立地回答两个问题：就团队要完成的任务而言，这个团队的规模太小了；另外一个问题是，就团队要完成的任务而言，这个团队的规模太大了。研究得到的结果显示，研究者将不同规模的团队的成员在两个问题上的回答的平均值绘制在同一个图上，两条线的交点对应的团队规模是4.6人。尽管在这个研究中，团队所做的任务并不重要，但是这个数据至少在一定程度上提示我们大多数情况下较小的团队规模更好。

这里还有一个非常有意思的案例。设计波音737的时候有两种方案，或者设计成由两人驾驶的，或者设计成由三人驾驶的。美国航空公司是波音737的主要客户，要求该款飞机设计成两人驾驶的，这样可以降低劳动成本。但是，飞行员联盟则认为应该设计成三人驾驶的，因为他们认为三人驾驶更安全。双方通过讨论争执不下，解决的方法就是航空公司和飞行员联盟共同资助了一个研究，比较分别由两人和三人组成的驾驶团队在实际的飞行操作中的行为和绩效表现。你大概已经可以猜到研究的结果：三人团队并没有表现出比两人团队显著的优势。

那么，究竟多大的团队是最佳的规模呢？当然，这取决于任务的大小。但是一般而言，经验表明团队人数最好不要超过六人。但是，在现实中，人们出于政治、情绪等方面的考虑，认为越多的人在团队决策中会让决策更容易被认可。对于这类问题，总是有很多办法，例如，哈佛的管理尽管是由七人组成的核心团队来负责，但是它有由三十人组成的智囊团，智囊团并不进行决策，但是它为决策提供信息和建议。

2. 团队成员同质性和异质性的平衡

有关团队规模的另一个问题是团队成员同质性和异质性的平衡。一个构成良好的团队往往在团队成员的同质性和异质性方面做到恰当的平衡。因为过于同质的团队尽管彼此关系融洽，但是缺乏足够丰富的资源来完成任务；相反，尽管过于异质的团队有丰富的资源、知识和观点，但是因为成员的思维和行为方式过于不同，所以成员间的沟通往往容易出现问题。

3. 团队成员

最后，有的人天生不适合作为团队的成员，这些人本来可以为团队做出很大贡献，但是他们的贡献可能更适合以个人的方式做出，而不是作为团队的成员来实现。这些人对团队整体的破坏性行为让人觉得他不像是团队的一部分。当团队已经做出决策时，这些人可能还会按照自己的想法一意孤行、自行其是，或者经常激化矛盾，或者经常误解别人的建议和想法，或者经常妨碍而不是促进其他团队成员的工作。实际上，如果一个团队的结构是恰当的，团队成员会遇到较少的人际问题。

一个好的团队构成要求团队领导同时关注组成团队的个体和团队作为一个整体的特征。在群体层面上，有两个主要的考虑，其中一个就是团队规模，应该尽量保持精简，团队的构成人数比实际需要的人数略微少可能更好；另一个就是需要在团队成员的同质性和异质性之间找到平衡。在个体层面上，主要的关注点应该放在确保每个团队成员都有较强的任务技能上，至少是不会太差的人际技能。

四、团队处于支持性的组织环境之中

如果设计良好的团队是一个种子，那么它所处的组织就是种子的土壤。肥沃的土壤可以培育出茁壮的庄稼，但贫瘠的土壤则可能使得健康的种子也难以开花结果。

支持性的组织环境包括很多方面，其中最为重要的三个方面是激励与奖酬系统、信息系统和教育系统。激励与奖酬系统是指应该给卓越的团队绩效以认可和鼓励；信息系统是指组织应该给团队提供完成计划和执行任务所需要的数据与信息；教育系统是指组织应该给团队提供知识和技能方面的培训以及技术方面的支持。

五、团队领导为团队提供专业的指导与帮助

创造一个真正的团队，给团队设置引人入胜的目标，搭建起良好的团队结构，并且为其营造支持性的组织环境，除此之外，专业的指导和帮助对于团队的有效性也非常重要。

指导是指向团队过程的，需要和团队直接的互动，目的是帮助团队成员更好地利用他们共同的资源以完成工作。团队的领导协调团队的具体工作或者为团队出面与外部资源斡旋等行为，并不是这里所说的指导，指导是致力于推动团队成员彼此合作的行为，而不是指向完成团队任务本身的。

指导可以指向团队互动中影响团队成员合作的任何方面，或者是那些可能加强团

队功能的方方面面。已有研究表明，团队互动的三个方面对于团队的有效性影响比较大，包括：①团队成员为完成共同任务所付出的努力的程度；②团队成员采取的绩效策略对于所承担的任务和所处的环境而言是否恰当；③团队成员为完成工作所投入的知识和技能的水平。

任何团队，只要在工作中付出足够多的努力，采取的绩效策略是恰当的，并且成员有足够的才能来完成工作，这样的团队往往是有效的，也就是说，在团队有效性的三个标准上都会比较高。相反，如果团队成员为完成任务所付出的努力是不够的，团队采取的工作策略是不恰当的，或者团队为完成任务所具备的才能是不充足的，这样的情况下团队往往难以保证其有效性。

正如我们在绩效模型中讲到的，所有的任务完成型团队都有可能遇到斯坦纳所说的过程损失，并且所有的任务完成型团队也有可能创造出协同性的过程增益。所谓过程损失，就是低效率或者内部的故障使得团队无法像理论上那么有效。当团队成员之间互动的方式压抑了团队的努力，降低了团队工作策略的有效性，或者没有充分利用团队成员的才能时，过程损失就发生了，过程损失会浪费团队成员的时间、精力和专业技能；当团队成员互动的方式加强了团队成员的努力程度，得出了一起工作的恰当策略，或者积极地发展出团队成员的知识和技能的话，过程增益就发生了。

与团队努力相关的过程损失就是团队成员的社会懈怠，团队成员在一起工作不如单独工作那么努力；而相反地，过程增益就是团队成员对于团队和团队任务形成了高度的共同承诺。

与绩效策略相关的过程损失就是团队成员不加思考地从事于习惯性的程序之中；而相反地，过程增益就是团队成员共同得出创新性的、符合任务特征的工作策略。

与知识和技能相关的过程损失就是团队在完成任务的过程中给团队成员的贡献赋予不恰当的权重。团队成员的思想和观点在多大程度上被团队采纳和接受过多地取决于提出建议者的地位和年龄，或者是他的行为风格（如很健谈或很强势），而不取决于这个人在多大程度上具备对需要决策的问题有多少知识和技能。团队在实际利用团队成员才能的过程中，为成员的才能赋予不恰当的权重，使得团队浪费了最为重要的人力资源。相反地，有效的团队互动过程促使团队成员彼此学习，从而增加了团队完成任务所具备的知识总量。

最后，总结而言，一个团队如果可以使得过程损失最小化而使得过程增益最大化的话，往往可以表现出卓越的绩效。尽管有时候团队在完成任务的过程中自发地形成了有效的互动过程，但是，大多数情况下都需要胜任的教练来帮助团队改善其团队过程。

指导干预的目的就是采取行动减少过程损失，推动过程增益。指向促进团队成员努力程度的指导是动机性的，指向改善绩效策略的指导是咨询性的，而指向恰当利用团队成员知识和技能的指导是教育性的。任何人都可以对团队进行指导，包括团队成员、外部的管理者以及外部的咨询师，而不是只有团队领导才可以对团队过程进行指导。此外，指导可以在团队过程中的任何时间进行。但是，研究表明，在团队经历中的三个时间点上对团队进行干预，团队成员更容易接受这种干预；相反，在团队经历的有些点上，即使是非常胜任的教练也难以影响团队的绩效。

研究表明，当团队刚刚开始一个新的任务时，团队成员对于旨在提高对团队和工作的卷入程度的干预是持有开放的心态的。任务完成周期的中点是帮助团队成员反思他们所采用的工作策略是否恰当的最好时机，并且如果有必要的话，此时最适合对工作策略进行调整。团队任务结束时是帮助团队成员反思自己的团队合作过程，从自己的经验学习提高的最好时机。

本节我们介绍了促进群体有效性的五大条件以及群体领导可以为促进群体有效性做些什么。

第一个条件是团队是一个真正的团队。团队要完成的是真正的团队任务；团队有清晰的边界；团队有明确界定的权力；团队保持相对的稳定性。

第二个条件是团队具有引人入胜的目标。目标要富有挑战、清晰并且重要，这样才可以激励团队成员的动机，使得团队成员在选择团队完成任务的策略时能够以团队目标为依据，并且促使团队充分利用团队中每个成员的知识和技能。具体而言，要鼓励自我管理的、目标导向的团队任务，就应该说明团队的目标，但是对于团队究竟如何完成该目标不做出具体的规定。

第三个条件是团队具有促成性的结构。促成性的结构要求团队任务有助于团队内形成集体的内在动机；团队形成有助于绩效的、指向团队所处环境和团队内部人际过程的规范；团队构成要求团队规模较小，团队成员在异质性和同质性上达成平衡。团队成员有充足的任务技能和一定的人际关系技能。

第四个条件是团队处于支持性的组织环境之中。激励与奖酬系统是指应该给卓越的团队绩效以认可和鼓励；信息系统是指应该给团队提供完成计划和执行任务所需要的数据与信息；教育系统是指应该给团队提供知识和技能方面的培训以及技术方面的支持。

第五个条件是团队领导为团队提供专业的指导与帮助。专业的指导是指向团队过程的，可以指向团队互动中影响团队成员合作的任何方面。已有研究表明，团队互动的三个方面对于团队的有效性影响比较大，包括：团队成员为完成共同任务所付出的努力的程度；团队成员采取的绩效策略对于所承担的任务和所处的环境而言是否恰当；团队成员为完成工作所投入的知识和技能的水平，即团队在多大程度上最大限度地发挥了每个团队成员的才智。总之，专业指导对团队过程进行干预的目的就是采取行动减少过程损失，推动过程增益。这种指导可以发生在团队刚刚开始的一个新任务上，也可以发生在团队任务完成的周期中点上，同样，也可以在团队任务结束之时，但不同时间点上的专业指导应该具有不同的侧重点，这样才能更好地促进团队有效性的发生。

总的来说，真正的团队、引人入胜的目标和促成性的结构是团队有效的最为核心的条件。这三个条件为优秀的团队表现搭建了基础平台。但是团队并不是在真空中工作的。团队所处组织环境的特征以及团队领导对团队的指导行为，可以有助于推动团队最大限度地发挥其潜力，但是也有可能成为团队的阻碍。

参考文献和延伸阅读

Hackman, J. R. (1987). The design of work teams. In J. W. Lorsch (Ed.), *Handbook of organizational behavior*. Englewood cliffs. NJ: Prentice Hall.

Hackman, J. R. (2002). *Leading teams: Setting the stage for great performances*. Boston, MA: Harvard Business School Press.

Hackman, J. R., & Morris, C. G. (1975). Group tasks, group interaction process, and group performance effectiveness: A review and proposed integration. *Advances in Experimental Social Psychology, 8,* 45-99.

Ilgen, D. R., Hollenbeck, J. R., Johnson, M., & Jundt, D. (2005). Teams in organizations: From input-process-output models to IMOI models. *Annual Review of Psychology,* 56, 517.

Kravitz, D. A., & Martin, B. (1986). Ringelmann rediscovered: The original article. *Journal of Personality and Social Psychology*, 50(5): 936-941 .

Larson, J. R. (2010). *In search of synergy in small group performance.* London: Psychology Press.

McGrath, J. E. (1984). *Groups: Interaction and performance* (vol. 14). Englewood Cliffs, NJ: Present Hall.

Postmes, T., Spears, R., & Cihangir, S. (2001). Quality of decision making and group norms. *Journal of Personality and Social Psychology*, 80(6), 918.

Ringelmann, M. (1913). Appareils de cultur mécanique avec treuils et cables (résultats d'essais)[Mechanical tilling equipment with winches and cables (results of tests)]. *Annales de l'Institut National Agronomique, 2e série,* 12, 299-343.

Steiner, I. D. (1972). *Group processes and productivity.* London: Academic Press Inc.

Woolley, A. W., Hackman, J. R., Jerde, T. E., Chabris, C. F., Bennett, S. L., & Kosslyn, S. M. (2007). Using brain-based measures to compose teams: How individual capabilities and team collaboration strategies jointly shape performance. *Social Neuroscience,* 2(2), 96-105.

第五章

领导群体

　　领导是指激励人们共同努力从而实现共同目标的过程。关于领导的理论层出不穷，概括而言，可以将纷繁复杂的领导理论分为四类：描述性领导理论、领导特质理论、领导行为理论、功能领导理论。在此基础上，本章最后一部分将介绍新近的领导理论：共享领导理论。

描述性领导理论

描述性领导理论描述管理者做什么。采用描述的视角对管理者进行研究的方法很多，例如，卡尔森（Carlson，1951）采用日记法，要求他所研究的管理者详细记录自己活动的日志；伦纳德·塞尔（Leonard Sayle）则采用人类学的方法，在所研究的组织中收集资料，追踪他认为重要的所有信息；理查德·诺伊施塔特（Richard Neustadt）采用二手资料，包括档案和访谈的资料，对美国总统的权力和管理行为进行研究；罗伯特·格斯特（Robert Guest）对56名管理者进行了每个人8小时的观察和记录。比较典型的描述性领导理论是明茨伯格（Mintzberg，1971）的管理者角色理论。明茨伯格在对已有的有关管理者行为的描述性研究的基础上，采用结构化观察法，对大、中型组织中的5位CEO进行了集中观察，对每个人的观察持续一周时间，记录了这些管理者的每封邮件以及所有的言语交流。

明茨伯格认为，传统理论认为管理者的工作主要是计划、组织、协调、控制。但是明茨伯格的研究表明，实际上管理者和人们想象中的情况大不相同。管理者作为组织的正式权威，承担着三类角色：人际角色（interpersonal roles）、信息角色（information processing roles）、决策角色（decision-making roles）。这三类角色描述了领导者所做的事情。

一、人际角色

人际角色包括三种：挂名首脑（figurehead）、领导者（leader）和联络者（liaison）。

人际角色中的"挂名首脑"执行的是礼节性的职责，这些职责有时是很常规的，很少涉及正式的沟通和重要的决策，但它对一个组织的顺利运行是必不可少和不可忽略的。

人际角色中的"领导者"需要为群体内成员的工作负责。领导角色涉及直接的领导，如在大多数组织中管理者通常负责招聘和培训自己的员工；也涉及间接的领导，如每个管理者必须激励员工，使得员工的个体需求与组织目标保持一致。

人际角色中的"联络者"是指管理者与垂直指挥链之外的人联系。明茨伯格发现，管理者会花费与员工互动相同的时间来与他们群体之外的人互动，却很少与他们自己的上级互动。管理者联络的人非常广泛，包括下属、客户、合伙人、供应商、同事、政府和贸易组织的官员以及外部董事会成员等。

二、信息角色

信息角色描述了管理者作为其所在组织的信息系统的控制中心，包括三种：控制中心（nerve center）、传播者（disseminator）和发言人（spokesman）。

作为控制中心，管理者不断地扫描环境以获取信息，同时咨询联络人员和下属以及从非正规渠道获取信息，其中管理者收集信息的一个重要来源是口头形式的小道消息、传闻和推测等。

在传播者角色上，管理者将一些特殊信息直接传递给无法获取这些信息的下属或上级，如果下属不能轻易地与公司高层联系，管理者就会在两者之间传递信息。

在发言人角色上，管理者将一些信息发送给群体外的人员，如管理者向供应商提出修改产品的建议。此外，作为发言人，每个管理者必须向上级报告工作进度，并使他们感到满意，而公司的总裁必须向董事和股东报告财务情况，向消费者群体传递组织正在履行社会责任的信息，等等。

三、决策角色

决策角色表明管理者处于组织资源分配、改善和危机决策系统的中心。作为决策制定者，管理者扮演四种角色：企业家（entrepreneur）、混乱驾驭者（disturbance handler）、资源分配者（resource allocator）和谈判者（negotiator）。

作为企业家，管理者是推动自己所在组织发生变化的发起人和设计者。作为控制中心，高层管理者不断地"监听"新想法，当出现有价值的想法时，他就会启动一个开发项目。这些项目是随着一系列小决策和行动而产生的。同时，管理者会同时监督多个项目，他们会在不同的阶段了解不同项目的进展。

企业家角色描述了管理者是变革的自愿发起人，而混乱驾驭者描述了管理者被迫对压力做出应对。环境压力有时如此严峻以致无法被忽略，如一次罢工、一个主要顾客破产或一个供应商违约，对此管理者必须采取相应的行动。混乱局面的出现可能是因为糟糕的管理者忽视环境的变化，直到这些变化升级为危机，也可能是因为好的管理者不可能预测他们采取行动的所有后果。

第三个决策角色是资源分配者。管理者负责决定由谁获得什么样的资源以及工作如何分配和协作。作为资源分配者，管理者需要对他人的决策赋予一定的权力。为了授予员工权力，管理者可以将重大决策的制定分成一系列不连续但相关的决策。

最后一个决策角色是谈判者。谈判是管理者工作的一个组成部分，因为只有管理者有权力及时调用组织的资源并拥有重要谈判所需要的关键信息。

明茨伯格认为，管理者负有上述各方面的巨大责任，管理者的工作是持续不断的，并且其工作充满了多样性、非连续性和短暂性。管理者往往处理的是当下的、具体的和特殊的事务，并且以口头形式为主。管理科学的发展依赖于我们对管理者工作的理解。缺乏对管理者实际工作的了解，是不可能发展出真正的管理科学的。

第二节
领导特质理论——权变模型

一、领导特质研究的分类

领导特质理论致力于研究领导特质，即什么样的人会成为好的领导。关于领导特质的研究又分为两类，一类研究致力于探讨什么样的人会成为领导，谁更容易走上领导的岗位，这类研究寻找成为领导的预测变量；另一类研究致力于探讨具备什么特征的领导更容易是有效的领导，即寻找领导有效性的预测变量。

就第一类研究而言，研究成果往往表明，不是任何心理或者人格因素，而是个体的社会地位和特征预测了谁会成为领导。在美国，如果一个人是男性、白人而且富有，再加上是老板的儿子的话，那么他成为领导的可能性就很大。必须承认，一个人能不能成为领导，在很大程度上是由他所处的社会环境决定的。如果一个人所处的社会系统恰当，那么这样的社会系统往往使得他有机会成长为领导并且抓住通向成为领导的道路的机会。鉴于谁能够成为领导在很大程度上取决于其社会地位和社会特征，这类研究往往是社会学家所关注的问题。

与前面一类研究不同，领导有效性特质研究的思路是：假设一个人已经是领导了，那么他具备哪些特征才会成为有效的领导。领导有效性特质的心理学研究很多，早期的研究致力于发现有效的领导身上所具备的特征，如自信、成就动机、智力、情绪等。

二、权变模型

随后研究者们发现领导的有效性在一定程度上还取决于情境的特点。特定的领导风格并不一定适用于所有的情境，因此出现了领导有效性的权变模型。权变模型认为，一个团队或组织的有效性依赖于领导人格和情境的交互作用。具体而言，权变理论认为领导的有效性既取决于领导的动机结构，也取决于领导对群体情境的控制程度。比较有代表性的是费德勒的情境理论（Fiedler, Chemers, & Mahar, 1976）。

（一）情境理论的提出

费德勒认为，当前的领导培训项目实践往往存在三个有问题的假设。

领导培训项目实践所基于的一个假设是：存在一种最为理想的领导行为或态度，这种领导行为或态度在任何情况下都与好的绩效相关，因此，被培训者都应该学习这种领导行为和态度。但是，在现实中我们不难发现，宽容的领导或严厉的领导都不一定能够在所有条件下取得好的绩效。因此，任何旨在对被培训者就同一种领导行为或态度进行培训的项目都假设存在一种最好的领导风格。

领导培训项目实践所基于的第二个假设是：领导行为是由领导者随意控制的，在几周的培训时间里告诉被培训者如何行为并且说服他特定类型的行为是最好的，这样就可以导致恰当的行为改变。但事实并非如此。这种假设忽略了一个问题，即领导情境是高度情感卷入的人际关系，这种关系在很大程度上既取决于领导也取决于下属。领导和下属之间的关系是非常重要的情感关系，领导或者下属任何一方想要通过单方面的努力来改变这种关系都并不容易。因此，重要的一点是我们需要知道领导者在多大程度上能够控制自己的行为。研究表明，只有当领导者对所处情境有足够的控制力时，他才能随意改变自己的领导风格。

领导者培训项目往往基于的第三个假设是：一个领导如果和下属分享自己的决策权的话，会更有效。但是，有研究表明，参与式管理的有效性在很大程度上取决于团队成员的智力和能力。一个领导如果听从了一个能力不足的下属的建议的话，其绩效不可能太好。

基于对已有领导培训假设的质疑，费德勒指出，大多数领导培训给所有人进行同样的培训忽略了这样的事实，即一个团队的绩效在一定程度上还取决于领导面临的任务和情境，而不仅仅是领导个体的特征。因此，费德勒提出了领导有效性的权变模型。领导有效性的权变模型认为，一个团队或组织的有效性依赖于领导的人格和情境的交互作用。具体而言，权变理论认为领导的有效性既取决于领导的动机结构，也取决于领导对群体情境的控制程度。

费德勒采用最难共事者问卷（Least Preferred Co-worker Scale，LPC）来测量领导者是任务取向型的还是人际取向型的。LPC要求被试首先回想曾经一起共事的所有人中和自己最难以一起工作的那个人，然后在量表提供的16对形容词中，按照符合的程度对这个人进行评价。LPC得分高的人被认为是人际关系取向型的，因为他们对那些自己不喜欢一起工作的人也给予相当积极的评价；而LPC得分低的人被认为是任务取向型的。

（二）情境控制的决定因素

在费德勒的情境理论中，正如领导风格是最关键的个人变量一样，领导者对情境的可控制程度是关键的情境变量。如果领导能够控制情境，他们就可以确定他们的决策和建议将会被团队成员遵照执行；相反，如果领导难以控制情境，则意味着领导者并不确定自己的决策是否会被团队成员遵照执行。什么因素会决定对情境的控制？费德勒强调了三点，见图5-1。

首先是领导和成员的关系。如果领导和成员的关系和睦的话，那么成员听从领导命令的可能性更大，因此领导对情境的控制就越强，因为他确定自己的决策会被成员遵照执行。

其次是任务结构，即团队成员是否清楚领导希望他们做什么。当任务结构化程度很高，团队的任务非常明确，解决问题的方式也非常明确时，领导对情境的控制更强，因为他知道团队成员理解如何执行他的决策，出现偏差的可能性很小。相反，如果任务的结构非常不明确，究竟如何完成任务非常模糊时，领导和团队成员的关系即使维持得很好，他也不能确定最终的执行情况和他的预期是一致的。

最后是职位权力，即领导拥有多大的权力。领导所处的职位如果较高，那么他们就可以控制奖励、惩罚、工资、评价和任务分配。但是，在有些群体中，领导者只具有相对微弱的权力。

领导者 LPC

关系取向的领导最有效

任务取向的领导最有效

情境特征对
领导的影响:

	Ⅰ	Ⅱ	Ⅲ	Ⅳ	Ⅴ	Ⅵ	Ⅶ	Ⅷ
领导和成员的关系:	好	好	好	好	差	差	差	差
任务结构:	明确	明确	不明确	不明确	明确	明确	不明确	不明确
职位权力:	强	弱	强	弱	强	弱	强	弱

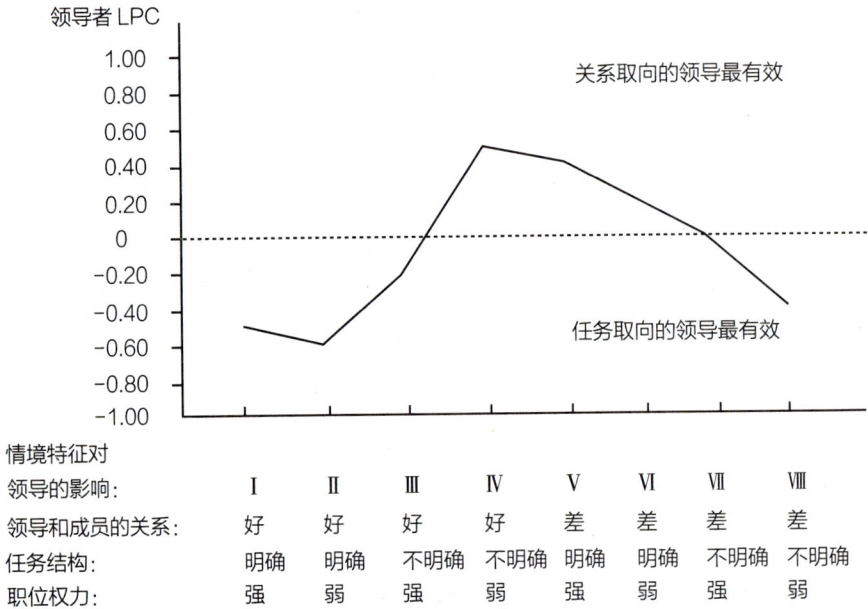

图 5-1 费德勒的领导有效性权变模型

图 5-1 表明了这三个因素之间的关系以及领导所处情境的有利程度。从领导和成员的关系角度来看，领导和成员的关系分为好和差：在领导和成员关系好的前提下，任务的结构化程度越高越好；在领导和成员关系好、任务结构明确的前提下，领导所处职位的权力越强越好。因此，组合Ⅰ是最为有利的情境，而组合Ⅷ是为不利的情境。在情境Ⅰ下，领导和成员关系好，任务结构明确，领导权力强；而在情境Ⅷ下，领导和成员关系不好，任务结构模糊，领导的权力又很弱，因此是最为不利的管理情境。

费德勒并不认为任务取向的领导或者关系取向的领导就一定更有效。相反，他预测，在Ⅰ，Ⅱ，Ⅲ，Ⅶ，Ⅷ类型的情境中，即非常有利和非常不利的情境中，任务取向的领导（LPC 得分低）表现得更好；在Ⅳ~Ⅵ类型的情境中，即中等有利的情境中，关系取向的领导（LPC 得分高）表现得更好。为什么呢？费德勒认为，在困难的团队中（如情境Ⅷ），任务取向的领导驱动团队指向其目标，但是关系取向的领导花费过多时间修复关系。关于多种类型团队的研究都支持了费德勒的假设。

尽管有很多不同的项目和技术都被开发出来用于领导培训，但是这些培训的效果往往是令人失望的。费德勒指出，这些培训之所以失败，是因为他们过于强调改变领导自身，培训领导让他们更富有支持性、更坚定、更民主等。但是，根据他的权变理论，费德勒认为，领导者的动机结构，即关系取向还是工作取向，是相当稳定的个体特征，是不容易改变的。如果要提高团队领导的有效性，应该对情境进行调整以适应领导特定的动机风格。他把他自己开发的领导培训项目称为领导匹配（leader match），因为他教授被培训者如何对他们的团队情境进行调整，直到该情境和自己的个人动机风格相匹配。有关这种创新型领导培训项目的有效性的研究也表明，接受了培训的领导比没有接受培训的领导绩效更好（Fiedler et al., 1976）。

尽管费德勒的权变理论后来受到了不同程度的质疑，有人甚至质疑他测量领导动机风格的LPC问卷的稳定性（Rice, 1978），但必须承认的是，权变理论是领导有效性理论中第一个既充分考虑了领导的个人因素，又考虑了情境因素的理论。

第三节
领导行为理论

领导行为理论主要是从领导者如何行为才可以提高有效性的角度进行研究的。领导行为理论主要有两个典型代表，一个是领导方格理论，另一个是情境领导理论。

一、领导方格理论

布莱克（Blake）和莫顿（Mouton）的领导方格理论，也称为管理方格理论（Blake, Mouton, & Bidwell, 1962），如图5-2所示。它将领导行为分为2个维度

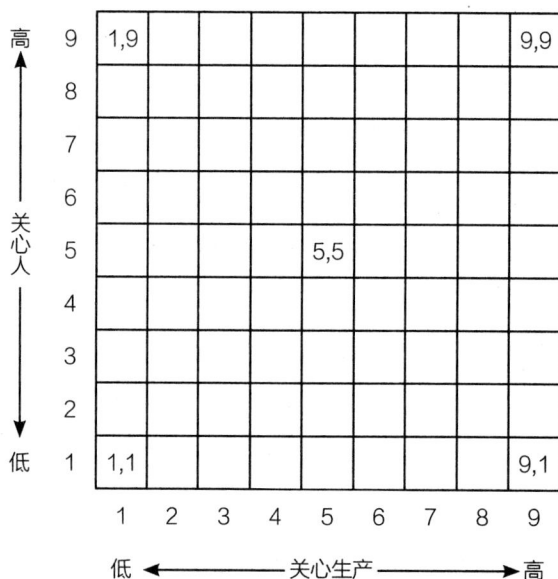

图 5-2　管理方格

（关心人和关心生产），每个维度分为9个等级。布莱克和莫顿不是权变的观点，他们认为最有效的领导方式是高度关心人并且高度关心生产的领导类型。

二、情境领导理论

　　布莱克和莫顿的领导方格理论提出，可以从关心生产和关心人两个维度对领导行为进行评价，并且认为有效的领导应该在两个维度上都得到高的评价。费德勒则提出，工作取向的领导和关系取向的领导都可以在一定条件下取得成功，关键在于领导和情境的匹配。科曼（Korman）在此基础上总结道：当前迫切需要的是对与领导行为有关的情境变异进行系统的概括。赫西和布兰查德（Hersey & Blanchard，1969）的领导生命周期理论（life-cycle theory of leadership）又被称为情境领导理论，正是在这样的背景下提出的。

　　情境领导理论认为，领导行为方式的选择应该考虑下属的任务相关成熟度（task-relevant maturity）。研究者从两个方面来定义下属的成熟度，一个是工作成熟度（job maturity），另一个是心理成熟度（psychological maturity），即一个是是否能干，另一个是是否愿意干。下属的成熟度不同，领导行为也应进行相应的调整。赫西和布兰查德（Hersey & Blanchard，1969）认为，随着团队的成熟，恰当的领导行为应该从高工作、低关系转向高工作、高关系，再转为高关系、低工作，最后转向低工作、低关系。

　　格雷夫（Graeff，1983）评价道，赫西和布兰查德的情境领导理论触及了领导行为的情境化本质，他们认识到领导行为随着情境进行灵活调整的必要性。此外，他们还认识到，下属是决定领导行为是否恰当的最为重要的情境决定因素，因为领导是一个涉及影响以及为了目标共同努力的人际现象。但是，格雷夫（Graeff，1983）认为，情境领导理论所提出的任务相关成熟度在概念上是模糊的，并且存在严重的内部一致性问题。此外，成员成熟度的两个维度及其组合方式缺乏理论上的论证。这些问题限制了该理论对实践的指导意义，但是对这些问题的探讨却有助于学生和管理者更进一步地理解领导行为的核心情境特征。

第四节
功能领导理论

一、领导理论关注点的变化

　　功能领导理论认为，识别领导应该履行的功能是最为重要的，在这个前提下，领导可以采取任何他认为恰当的、符合自己领导风格的方式来实现这个功能。该理论还认为，领导理论从关注"谁更可能是有效的领导"以及"领导应该如何行为"，转向领导应该做什么以及在什么时间做这些事情。有效的领导首先需要关注那些能够影响团队有效性的基本条件，并致力于创造这些条件以打造高绩效的团队，即①有效的领导致力于创造一个真正的团队，并且这个团队具有一定的稳定性；②有效的领导为团队提供引人入胜的目标；③有效的领导调整团队的结构以促进团队任务的完成；④有效的领导影响组织的结构和系统从而确保组织能够为团队提供充足的支持和资源；⑤有效的领导为团队提供团队互动过程和方式等方面的指导，帮助团队充分利用其可以利用的资源。

更为重要的是，有效的领导往往会采取自己的方式来完成这些任务，他们还会特别关注时间点的选择。当机会合适时，他们迅速前行；但是当团队对外界的影响是封闭的时候，他们从来不会强迫进行干预。

二、不同领导功能之间的关系

然而，团队有效性的五个条件对团队绩效的影响程度是不同的。有研究表明，团队工作设计在团队绩效方面的影响是团队获得的辅导（coaching）的几十倍，见图5-3。在图5-3中，横轴是团队获得的辅导的数量。对于设计良好的团队而言，良好的辅导可以显著改善团队利用自身资源的程度；但是对于设计糟糕的团队而言，良好的辅导几乎没有什么作用。另外，不当的辅导会显著地降低设计糟糕的团队的绩效，

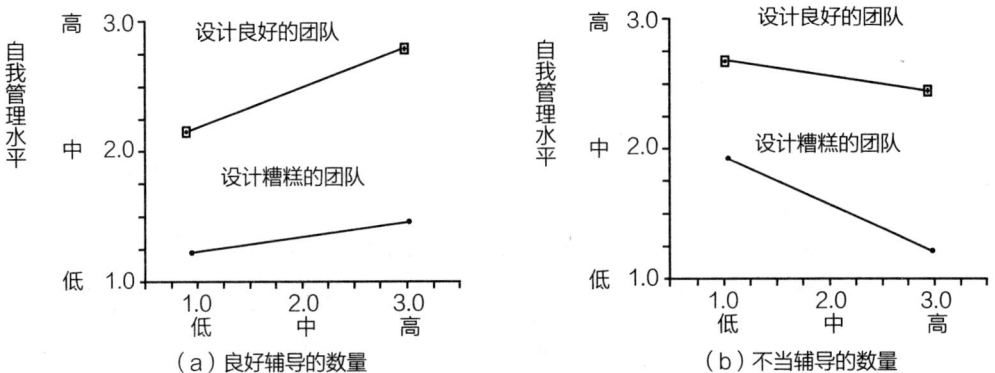

图 5-3　团队工作设计和领导辅导对团队自我管理的影响

而对于设计良好的团队几乎没有影响。由此可以看出，影响团队有效性的五个条件并不是同样重要的，确保团队良好的结构比为团队提供辅导更为重要。这与一个人身体棒和有一个好医生的道理一样。

三、领导功能实现的多元化和共享领导

功能领导理论认为，没有最好的领导策略或者领导风格，上述所有任务也不是必须由某个特定的人来完成的。任何人包括团队成员（没有正式的领导角色）或者外在的管理者，只要他/她帮助构建起团队有效性的条件，那么他/她都是在行使团队的领导功能。如果关键的领导功能得以实现，那么是谁实现这些功能和以什么样的方式实现这些功能就不太重要了。团队成员中具备领导技能的人越多，团队就有越多的选择来获得团队有效性的条件，从而确保团队能够在更大的程度上满足客户的要求，并随着共事时间的增加，团队中每个成员都能体验到个人的成长。

传统的领导研究通常只关注单个的领导者，或自上而下安排工作任务的垂直方式。但功能领导理论提出，团队领导可以并且最好是一种共享的活动。共享领导将领导的实践看作一种团队水平的现象，当团队中有两个及以上的成员执行领导功能并试图影响和指导其他成员以实现团队有效性的最大化时，共享领导就发生了。近年来共享领导逐渐受到研究者的关注，实证研究表明，共享领导对团队满意度（Avolio, Jung, Murry, & Sivasbramaniam, 1996）、管理者和顾客评价的团队有效性（Carson, Tesluk, & Marrone, 2007）、客观的团队绩效（Mehra, Smith, Dixon, & Robertson, 2006）和问题解决质量（Pearce & Bruce, 2004）具有重要的预测作用。此外，研究还表明，对于变革管理团队、创业团队等团队类型而言，共享领导比传统的垂直领导对团队有效性具有更大的预测作用（Ensley, Hmieleski, & Pearce, 2006）。

第五节
共享领导理论

以往关于领导力的研究大多是基于个体领导来构建领导理论框架的，然而随着知识集成创新时代的到来，虚拟型、自我管理型、跨职能型的团队成为重要的工作单元，团队任务的复杂性和责任性也随之增强，只靠单个团队成员执行团队所需的所有领导功能变得越来越困难。因此，在团队任务复杂化与团队形式多样化的要求下，团队互动过程中涌现出的共享型领导越来越受到研究者的关注。共享领导（shared leadership）指的是团队成员为了达到团队目标，引导其他成员共同承担团队责任而产生相互影响的过程，是团队成员之间集体协作、共享责任和为结果负责的团队属性。皮尔斯和西姆斯（Pearce & Sims, 2000）开始对共享领导理论进行介绍，随后共享领导的研究层出不穷，尼柯莱德斯等人（Nicolaides et al., 2014）基于大量实证研究，运用元分析的方法探索了共享领导的影响机制。众多研究者都广泛认同共享领导与团队有效性的紧密联系，及其对团队的积极影响作用。总之，共享领导的研究对于团队、组织以及领导理论的发展与实践有着非常重要的意义。本节从共享领导的概述及其实证研究对共享领导理论进行讨论，并在此基础上展望共享领导研究的未来方向。

一、共享领导概述

（一）共享领导的概念

吉布（Gibb, 1954）最早提出共享领导力在团队成员之间有重要意义。共享领导的概念是由洛克和施威格尔（Locke & Schweiger, 1979）提出的，他们认为共享领导和参与式管理的团队主张权力共享、成员之间相互影响，团队领导和成员之间没有等级差异。

此外，研究者认为共享领导代表的是一个群体或团队的过程与属性。恩斯利等人（Ensley et al.，2006）认为共享领导作为一个团队的整体过程不只是由单个被指定的个体所决定的，是团队中"连续地涌现"正式和非正式的领导者。在此基础上，卡尔森等人（Carson et al.，2007）认为共享领导是团队的领导力在多个团队成员之间分布共享并且相互作用而涌现的一种团队属性，这种团队属性会显著影响团队和组织的绩效。

随着共享领导研究日渐成熟，皮尔斯和康格（Pearce & Conger，2002）提出了目前较有影响力的定义，即共享领导是团队成员之间产生相互的、动态的影响过程；领导职责广泛分布于团队成员之间，而不是集中于某个领导手中，其目标是团队成员彼此引导，实现团队成就或达成组织目标。

纵观共享领导的概念，可以将其总结为以下几个特征：共享领导是①团队成员间的权力平等、共享；②团队成员相互影响、相互作用过程中涌现的团队水平的领导方式；③团队所有成员有共同的目标并共同承担团队责任，集体协作，为团队结果负责。

（二）共享领导与垂直领导

领导是影响他人的过程，并能促进个体与集体有效地完成共同的目标。团队中存在两种潜在的领导力资源，第一种是在以往的研究中得到众多关注与支持的垂直领导，通常是指由上级或组织直接任命的自上而下式的领导；第二种是很有潜力的领导力资源，即共享领导。垂直领导能够直接对团队过程施加影响，共享领导则是在团队互动过程中涌现的；垂直领导一般依赖于明智的领导个体，是一种自上而下的影响过程，而共享领导依赖于集体的智慧，是集体协作的过程。为了更好地区分垂直领导与共享领导，表5-1对共享领导与垂直领导的特征进行了梳理。

表5-1 共享领导与垂直领导的区别（Wood，2005）

领导特征	共享领导	垂直领导
行为表达	集体行为	单个或多个行为
团队结构	横向或水平分散的结构	集中或层级的结构
成员行为	自主和自我领导	依靠领导和命令
团队行为	协作并协商一致	响应领导的要求
团队愿景	团队成员共同产生愿景	团队领导为成员提供愿景

　　垂直领导与共享领导既存在区别又有紧密联系。共享领导的研究表明，即使有单个指定的垂直领导存在，团队成员之间也可能涌现共享领导，多种领导行为与活动是可以同时出现的，共享领导并没有排斥垂直领导行为，它们可以在同一个团队过程中共存。也就是说，即使有垂直领导存在，共享领导也能在不同的组织设置和不同类型的团队中促进团队和组织的产出。此外，还有一些研究者证明了垂直领导的领导策略会影响到团队共享领导的涌现（Hoch & Kozlowski，2014）。

二、共享领导的实证研究

　　大量实证研究围绕共享领导展开，下面将从共享领导的结果变量、前因变量、中介变量以及调节变量等方面对前人的研究成果进行整合。

（一）共享领导的结果变量

　　共享领导作为团队互动过程中涌现的领导状态，与团队有效性有着紧密的联系，其对团队的积极影响效果也得到广泛认同。研究者们对共享领导的大量研究表明，共享领导不但对团队水平的结果有重要影响，而且能够跨水平地影响个体以及组织水平的结果变量。

　　从个体水平的结果变量来看，共享领导不但能够提升成员个体学习的效率（Liu，

Hu, Li, Wang, & Lin, 2014），还能够激发成员的工作动机、发展意愿（Konu & Viitanen, 2008）。从团队水平的结果变量来看，共享领导对团队的直接绩效影响得到众多研究的证实。例如，共享领导与团队有效性呈正相关，能有效地预测团队绩效（团队自评/客观绩效指标，如销量、质量等）（Wang, Waldman, & Zhang, 2014），并对团队水平的创新行为有积极影响（Hoch & Kozlowski, 2014），能够提升团队学习的效率（Liu et al., 2014）。此外，共享领导还会影响到团队的周边绩效。伍德和菲尔茨（Wood & Fields, 2007）在研究中发现共享领导能够减少团队工作压力，进而促进团队的工作满意感；伯格曼等人（Bergman, Rentsch, Small, Davenport, & Bergman, 2012）在45个广告决策团队中运用行为锚定评价的方法，证明共享领导涌现的团队能够减少团队的冲突，获得较高的一致性、团队内部信任、满意感与凝聚力。

共享领导不但能够影响团队与个体绩效，还能够跨水平影响组织绩效。恩斯利等人（Ensley et al., 2006）在新型高管团队的研究中证实，共享型领导行为对企业绩效的解释能力要显著高于垂直型领导行为。

纵观以上的总结，共享领导对结果变量的研究大多集中在共享领导对团队或个体的直接绩效与周边绩效的影响上，尤其是对直接绩效的研究较多，由此可见共享领导对绩效的重要影响及意义。但是，研究者却忽略了共享领导对团队过程与团队互动模式的影响，以及共享领导对个体成员的认知、情感等方面的作用，研究者可以继续加强对这些方面的关注。

（二）共享领导的前因变量

鉴于共享领导的积极效果，研究者们对共享领导的前因变量也展开了研究，并取得了一定的成果，主要涉及垂直领导策略、团队构成、组织/团队支持、团队认同、团队奖励等变量。

团队构成和垂直领导策略对共享领导的影响受到较多研究的关注。伍德（Wood, 2005）在企业管理团队中证实了授权的团队行为和水平的团队结构都能够促进共享领导的涌现；霍克（Hoch, 2013）在43个工作团队中发现变革型、授权型领导能够促进团队共享领导的涌现。同时，研究者在人力资源计划与管理系统中提出，垂直领导类型中变革型领导、授权型领导以及领导—下属交换能够影响团队中共享领导的涌现，并且成员构成中的自我管理特性、内控性和积极的个性以及完整的团队人格构成等也是影响共享领导的重要因素。

另外，用社会网络分析方法测量共享领导的研究证明，共同目标、组织支持、发言权与外部指导是影响团队共享领导的前因变量（Carson et al., 2007）；米思尔和赫格尔（Muethel & Hoegl, 2011）认为团队认同也能影响共享领导；霍克（Hoch, 2013）的研究中认为感知团队/组织支持、信息和团队奖励等因素都能够影响团队中的共享领导涌现。

（三）共享领导的中介变量

随着共享领导相关研究的发展，共享领导的影响机制也受到越来越多的研究者的关注。

戴等人（Day, Gronn, & Salas, 2004）在探究共享领导对团队绩效影响机制的研究中，证实了共享领导通过团队社会资源（知识、技能技术、能力、团队信息加工与学习等）的中介机制影响团队绩效。而伍德等人（Wood et al., 2007）在管理团队中表明，共享领导通过减少成员间角色冲突与角色模糊进而使团队成员减少工作压力，增加工作满意感。这里，角色冲突和角色模糊就是共享领导影响工作压力与工作满意感的中介变量。

此外，一项探究共享领导与团队学习的关系的研究发现，共享领导通过知识信息分享作用于团队学习（Huang, 2013）；一项探索共享领导与团队学习的跨水平研究则证明，共享领导通过团队心理安全感跨水平地影响团队与个体的学习绩效（Liu et al., 2014）。

近年来，共享领导的元分析研究也受到关注。有研究者用多组共享领导实证研究的数据进一步证实了共享领导对团队有效性的促进作用，并且发现共享领导通过团队过程与团队涌现状态（认知、情感状态，如团队凝聚力、成员间信任等）对团队绩效产生影响（Wang, Waldman, & Zhang, 2014）。

（四）共享领导的调节变量

近年来，陆续有研究者尝试探究共享领导影响机制中的调节变量，寻找共享领导影响作用的边界条件。表5-2对近年来具有代表性的有关共享领导调节变量的研究依据不同研究视角进行了总结。

表5-2　共享领导的调节变量及其相关研究

研究视角	调节变量	重要贡献	重要研究举例
团队属性	年龄多样性	在26个项目团队中验证了共享领导与团队绩效的关系受到年龄多样性的调节，年龄多样性与团队协作交互影响共享领导与团队绩效的关系	Hoch, Pearce, & Welzel（2010）; Hoch（2014）
	团队规模、团队异质性	共享领导与团队学习关系的研究中发现团队异质性与团队规模调节共享领导与团队学习之间的关系	Huang（2013）
	任期多样性（组织/团队任期多样性）	在两个不同组织的46个团队中证明了人口学多样性，如任期多样性（组织和团队任期多样性），调节了共享领导通过信息分享影响团队绩效的中介机制	Hoch（2014）
任务属性	工作复杂性	元分析的研究中发现工作复杂性调节了共享领导与团队绩效之间的关系，工作越复杂，共享领导与团队绩效的关系越紧密	Wang et al.（2013）
	工作多样性	工作多样性调节了共享领导通过心理安全感影响团队学习与个体学习绩效的中介作用	Liu et al.（2014）
	任务依赖性、团队绩效指标	对共享领导影响机制的元分析研究验证了任务依赖性、团队绩效指标（客观/主观）的调节作用	Nicolaides et al.（2014）
其他	团队协作	管理团队的研究中证明团队协作调节共享领导通过角色冲突与角色模糊影响工作压力和工作满意度的中介模型，团队协作也能调节共享领导与团队绩效间的直接关系	Wood et al.（2007）; Hoch, Pearce, & Welzel（2010）
	外部指导	用社会网络分析方法评价共享领导的研究中发现，外部的指导训练调节了团队内部支持与共享领导之间的关系	Carson et al.（2007）

共享领导调节变量的研究大多从团队属性和任务属性的角度关注其对共享领导的调节作用。未来可以在以往研究的基础上，继续从任务属性（如任务时间压力）、团队属性（如信息多样化和虚拟化）以及组织环境（如组织公平与价值观）等视角探索更深层的边界条件。

三、共享领导研究的展望

虽然共享领导及其与相关变量关系的研究已经取得了初步成果，但共享领导的理论及影响因素与影响效应等问题还有待进一步的研究和探讨。结合目前研究存在的问题，我们认为该领域未来的研究可从以下几个方面入手。

第一，加强对共享领导的影响因素及影响机制的研究与系统模型的构建。纵观已有的研究文献，可以发现共享领导的研究大多数侧重探讨共享领导与其他变量的相关关系，且多集中于在不同团队类型中验证共享领导对团队绩效的作用，而对其影响因素以及作用机制的研究较少，且大多较为分散、不成体系。另外，一些研究者发展了共享领导的概念模型，并从理论上提出了一些前因变量，这些都亟待研究者在实践中去验证。此外，研究者忽略了共享领导是在团队互动过程中涌现的特性，它可能会随着时间的变化而改变，时间可能是共享领导发展过程中的重要因素（Shamir，2011），研究者可以从时间变化的动态视角出发，探索共享领导在团队中随时间变化对团队绩效的影响。同时，基于现实的组织与团队中都有垂直领导的存在，可以继续探索垂直领导与共享型领导的相互作用及其对团队绩效的影响。

第二，开展共享领导的跨水平研究。共享领导的影响不仅仅局限于团队层面，还会影响个体水平以及组织水平的变量。近几年，尽管有学者开始将共享领导的研究从团队水平扩展到个体水平与组织水平，例如，刘等人（Liu et al.，2014）在研究中证实共享领导不但能够促进团队学习而且能够有效提升个体学习绩效，恩斯利等人（Ensley et al.，2006）则发现共享领导能够有效提升组织绩效，但从个体水平和组织水平探讨共享领导的影响因素及其作用机制的研究还十分匮乏。因此，在未来开展共享领导的跨水平研究对共享领导理论进行多层面、多视角的建构与解释，对共享领导在组织情境中的实践应用有着至关重要的作用。

第三，关注共享领导与相关变量之间关系的跨文化比较。共享领导的概念最初源于西方国家，且目前多数成熟的共享领导研究也都是以西方文化为背景展开的。尽管共享领导具有跨文化的普遍性，但是其影响因素可能存在一定程度上的文化差异，影响机制也可能不尽相同。例如，霍夫施泰德（Hofstede，2001）认为在高权力距离的文化背景下，共享领导的效应可能会降低。那么在东方文化背景下，共享领导的效应究竟会与其在西方文化背景下有何差异？此外，强调个人主义的西方国家与强调集体主义的东方国家的文化差异是否也是影响共享领导及其路径机制的重要因素？对这些问题的探索与解答是未来对共享领导理论进行研究的一个重要方向。

参考文献和延伸阅读

Avolio, B. J., Jung, D. I., Murry, W., & Sivasbramaniam, N. (1996). Building highly developed teams: Focusing on shared leadership process, efficacy, trust, and performance. In M. M. Beyerlein, D. A. Johnson, & S. T. Beyerlein (Eds.), *Advances in interdisciplinary studies of work teams* (Vol. 3). Greenwhich, CT: JAI Press,173-209.

Bergman, J. Z., Rentsch, J. R., Small, E. E., Davenport, S. W., & Bergman, S. M. (2012). The shared leadership process in decision-making teams. *The Journal of Social Psychology,* 152(1), 17-42.

Blake, R. R., Mouton, J. S., & Bidwell, A. C. (1969). The Managerial grid. In W. B. Eddy, W. W. Burke, V. A. Dupre, & O. P. South(Eds.), *Behavioral science and the manager's role*. Washington D. C.: NTL Institute for Applied Behavioral Science, 167-174.

Carlson, S. (1951). *Executive Behaviour*. Stockholm: Strombergs.

Carson, J. B., Tesluk, P. E., & Marrone, J. A. (2007). Shared leadership in teams: An investigation of antecedent conditions and performance. *Academy of Management*

Journal, 50(5), 1217-1234.

Day, D. V., Gronn, P., & Salas, E. (2004). Leadership capacity in teams. *The Leadership Quarterly,* 15(6), 857-880.

Ensley, M. D., Hmieleski, K. M., & Pearce, C. L. (2006). The importance of vertical and shared leadership within new venture top management teams: Implications for the performance of startups. *The Leadership Quarterly,* 17(3), 217-231.

Fiedler, F. E., Chemers, M. M., & Mahar, L. (1976). *Improving leadership effectiveness: The leader match concept.* London: John Wiley & Sons.

Gibb, C. A. (1954). Leadership. In G. Lindzey (Ed.), *Handbook of social psychology* (Vol. 2). Cambridge, MA: Addison-Wesley.

Graeff, C. L. (1983). The situational leadership theory: A critical view. *Academy of Management Review,* 8(2), 285-291.

Hersey, P., & Blanchard, K. H. (1969). Life cycle theory of leadership. *Training & Development Journal,* 33(6),26-34.

Hoch, J. E. (2013). Shared leadership and innovation: The role of vertical leadership and employee integrity. *Journal of Business and Psychology,* 28(2), 159-174.

Hoch, J. E., & Kozlowski, S. W. J. (2014). Leading virtual teams: Hierarchical leadership, structural supports, and shared team leadership. *Journal of Applied Psychology,* 99(3), 390.

Hofstede, G. H., & Hofstede, G. (2001). *Culture's consequences: Comparing values, behaviors, institutions and organizations across nations.* London: Sage.

Huang, C.-H. (2013). Shared leadership and team learning: Roles of knowledge sharing and team characteristics. *Journal of International Management Studies,* 8(1), 124.

Konu, A., & Viitanen, E. (2008). Shared leadership in Finnish social and health care. *Leadership in Health Services,* 21(1), 28-40.

Liu, S., Hu, J., Li, Y., Wang, Z., & Lin, X. (2014). Examining the cross-level relationship between shared leadership and learning in teams: Evidence from China.

The Leadership Quarterly, 25(2), 282-295.

Locke, E. A., & Schweiger, D. M. (1979). Participation in decision-making : One more look. In Barry M. Staw, & L. L. Cummings (Eds.), *Research in organizational behavior : An annual series of analytical essays and critical reviews*. Greenwich, Conn.: JAI Press，265-339.

Mehra, A., Smith, B. R., Dixon, A. L., & Robertson, B. (2006). Distributed leadership in teams: The network of leadership perceptions and team performance. *The Leadership Quarterly,* 17(3), 232-245.

Mintzberg, H. (1971). Managerial work: An analysis from observation. *Management Science,* 18(2), B-97.

Muethel, M., & Hoegl, M. (2011). Shared leadership functions in geographically dispersed project teams. *Advances in Strategic Management,* 28, 289-321.

Nicolaides, V. C., LaPort, K. A., Chen, T. R., Tomassetti, A. J., Weis, E. J., Zaccaro, S. J., & Cortina, J. M. (2014). The shared leadership of teams: A meta-analysis of proximal, distal, and moderating relationships. *The Leadership Quarterly,* 25(5), 923-942.

Pearce, C. L., & Bruce, B. (2004). The future of leadership: Combining vertical and shared leadership to transform knowledge work [and executive commentary]. *The Academy of Management Executive* (1993-2005), 18(1), 47-59.

Pearce, C. L., & Conger, J. A. (2002). *Shared leadership: Reframing the hows and whys of leadership.* London: Sage Publications.

Pearce, C. L., & Sims, H. P. (2000). Shared leadership: Toward a multi-level theory of leadership. *Advances in Interdisciplinary Studies of Work Teams,* 7, 115-139.

Rice, R. W. (1978). Construct validity of the least preferred co-worker score. *Psychological Bulletin,* 85(6), 1199.

Shamir, B. (2011). Leadership takes time: Some implications of (not) taking time seriously in leadership research. *The Leadership Quarterly,* 22(2), 307-315.

Shane Wood, M., & Fields, D. (2007). Exploring the impact of shared leadership on management team member job outcomes. *Baltic Journal of Management,* 2(3), 251-272.

Wang, D., Waldman, D. A., & Zhang, Z. (2014). A meta-analysis of shared leadership and team effectiveness. *Journal of Applied Psychology,* 99(2), 181.

Wood, M. S. (2005). Determinants of shared leadership in management teams. *International Journal of Leadership Studies,* 1(1), 64-85.

Wood, M. S., & Fields, D. (2007). Exploning the impact of shared leadership on management team member job outcomes. *Journal of Management*, 2(3), 251-272.

第六章
群体中的个体行为

　　群体对个体的影响可以分为两类刺激，一类是环境刺激，另一类是自主决定刺激。当群体希望某个成员表现出某种行为或撤销某种行为时，他们只需要操纵那些自主决定的刺激，使得该成员明白遵从群体的要求对自己而言更有利。此外，群体内部对成员行为的调控多是通过使用行为规范的方式来完成的。

> **第一节**
> # 组织中的个体面临的社会影响

群体对人们在工作场所的思考、感受和行为有着巨大的影响。这一部分我们主要探讨群体对个体影响的动力和结果，以及如何促使群体影响提升团队有效性与个体的幸福感。

一、群体对个体信念和态度的社会影响

最广为人知的有关群体对个体影响的研究就是在美国西电公司的霍桑工厂（图6-1）进行的霍桑实验（Hawthorne studies）（Mayo，1949a，1949b）。霍桑实验本来是为了研究照明和休息对员工生产力的影响，实验的结果却令人惊讶：客观的工作环境条件对工人行为的影响远远小于研究中所发现的各种心理和社会条件对工人行为的影响。尤其是在研究的过程中，工人们形成了一种强烈的群体认同感，这种认同

图6-1　霍桑工厂

感推动了群体规范的形成，而群体规范对个体的工作行为产生了强烈的影响和塑造。霍桑实验表明了仅仅是拥有一个群体的重要作用。

特里斯特和班福思（Trist & Bamforth，1951）的研究是有关采煤工人的。这个研究表明了当既有的群体被破坏之后会发生什么。在该研究中，采煤工人在不超过8人的相互高度依赖的小群体中一起工作。由于运煤技术的改变，要求对既有的员工进行重新分组，形成每组40~50人的大群体。这种新的群体依然拥有一名共同的管理者，但是员工往往在矿井下间隔很远。尽管他们之间依然是高度依赖的，因为任何人的失误或者低效率都可能影响该工作单元中的其他人。既有的人际关系被严重地破坏了。工作场所的这种变化发生后不久，生产力显著降低，工人对工作的冷淡和疏远明显增加。最终，一种低生产效率的规范逐渐形成了，这显然是工作变化所导致的情绪和技术上的困难的结果。

由重大的技术变革所导致的消极后果并不少见。技术变革对生产效率的负面影响在上述研究中尤其显著，这是因为正是那些本来对工人特别有益的社会单元，有助于工人适应的曾经所处的小的社会群体，作为技术变革的一部分被取消了。这些工人失去了社会锚定的支持——最终的负面结果既影响了公司也影响了个人。

考虑到霍桑实验以及特里斯特和班福思的研究结果，我们似乎很容易轻易得出结论：群体对个人和组织都有益。因此，如果没有群体的话就应该创造群体，而且既有群体应该永远都不要被破坏，而是要尽可能地加强。事情并不是这么简单。

尽管群体对于个人和组织的重要性是毋庸置疑的，但是群体对个体和组织的影响是积极还是消极则是另外一个完全不同的问题。例如，在霍桑实验中，有些群体形成的内部规范与组织的规章是一致的，而有的群体则不是。纽科姆（Newcomb，1954）曾经举过一个案例，团队确立了一天生产50件的生产规范，但是有一个工人想生产的比50件要多。他的同事们成功地摧毁了他的企图，导致他心灰意冷，每天平均生产的比50件的生产规范还要低一些。后来，工作团队的人员组成发生了变化，这个工人不再和那些一天生产50件的人一起工作了，结果他的产出很快翻倍。

科克和弗伦奇（Coch & French，1948）研究了影响群体规范方向的因素。他们对一个进行变革的组织进行了研究，该组织对工人的工作实践进行了改革。该变革采用三种方式进行。第一种方式是改革涉及的所有员工都直接参与；第二种方式是改革涉及的员工的代表参与；第三种方式是没有工人参与。在直接参与的条件中，群体规范支持高生产力；在没有参与的条件中，群体规范支持低生产力；而在代表参与的条件中，一开始群体生产力降低，随后缓慢提高。

上述四个研究均表明个体的行为受到群体的严重影响，这种影响有时候指向积极的方向，有时候则指向消极的方向。

为什么群体对组织中的个体的行为和态度有如此强大的影响呢？因为群体控制着个体在组织活动过程中的大量刺激。所谓刺激，即环境中那些个体可能会遇到也可能会影响他们行为的方面。因此，刺激包括人、言语的和外显的行为、书面材料、客体、物理环境、钱等。

一个人的群体成员身份在很大程度上会界定一个人的社会范围。也就是说，成为某些群体的成员（而不是另外一些群体的成员）限制并且确定了个体将会主要暴露在哪些刺激领域之中。不同的群体面对并且提供不同类型的刺激。因此，一个人可以得到什么样的刺激，部分取决于他属于什么样的群体。刺激可以分为两类，一类是环境刺激（ambient stimuli），另一类是自主决定刺激（discretionary stimuli）。

群体中所有成员都可以得到的刺激被称为环境刺激。也就是说，个体是否会得到该刺激完全取决于他是否具有群体成员的身份。环境刺激弥漫于群体和环境之中，群体成员往往将其视为自己在该群体中的日常生活。事实上，群体成员对于自己所处组织提供的环境刺激往往是别无选择的。最为重要的环境刺激包括群体中的其他人、体所处的工作场所等。

另一类刺激被称为自主决定刺激。并不是群体中的每个成员都可以得到该刺激，该刺激对于不同群体而言具有选择性和差异性，个体是否能够得到该刺激取决于其他群体成员的意志。自主决定刺激可以包括直接的支持或者否定的信号，也可以包括钱。群体对于自主决定的刺激拥有直接的和有意识的控制力。群体的内在动力是理解自主决定刺激在什么时候会被个体的同事实施以及可能产生的后果是什么的关键。

个体得到的自主决定刺激取决于两方面的因素，一个是个体自身的特点（包括其行为），另一个就是个体所处群体的特征（包括哪些刺激可以被群体自主决定以及群体成员认为哪些行为应该被鼓励而哪些行为应该被禁止）。因此，很明显，群体中的个体的行为将显著地受到他的同事对于应该在什么样的条件下提供哪些刺激的决策的影响。

个体在群体中接收到的刺激可以影响个体的信息状态、情感状态以及行为。所谓信息状态，即群体成员的信念和知识；所谓情感状态，即群体成员的态度、价值观以及情绪；所谓行为，即群体成员的个体或社会行为。由于群体提供的刺激往往非常及时并且很突出，因此群体刺激对于成员的态度、信念和行为可以产生强烈的影响。

我们可以认为，个体所归属的群体以及他/她所负责的工作，对组织成员的工作行为的直接影响和刺激远远大于组织环境中的任何其他方面。这表明，员工所处群体的环境以及工作环境是导致组织中个体行为变异的主要因素。

很多组织层次的变量（组织的规模、组织中权力阶梯的等级数等）往往影响了群体的结构和工作设计。这些效果反过来又决定了个体每天在工作场所面对的各种刺激，并且最终影响了个体和组织的行为。

二、工作设计

20世纪70年代，哈佛大学理查德·哈克曼教授和伊利诺伊大学格雷格·奥尔德姆（Greg Oldham）教授提出了工作特征模型，此后有关工作特征模型的研究层出不穷。到现在为止，工作特征模型已经成为最流行的工作设计方法之一（Latham & Pinder，2005）。工作特征模型主要探讨了究竟是哪些工作特征有助于提高员工的内在工作动机，这些工作特征作为内在激励源将会影响员工心理状态的哪些方面，以及会为组织和员工带来哪些结果。

（一）工作的核心特征

根据工作特征模型，任何工作都会从五个方面影响员工的内在激励水平（Hackman & Oldham，1975，1976）。它们分别是：技能多样性、任务完整性、任务重要性、自主性和反馈。一项工作在这几个特征上的得分越高，那么工作对员工的内在激励水平就越高。

1. 技能多样性

技能多样性是指一项工作是否要求员工运用多种技能、能力或才能。员工更容易被具有高技能多样性的工作所激励。

2. 任务完整性

任务完整性是指员工所从事的任务在多大程度上涉及了一整件工作的整个过程。任务完整性越高，则员工内在激励水平就越高。例如，对于打印机生产线上的一位员工来说，如果他仅仅负责安装打印机的托纸器，那么他的任务完整性就很低；而一位家具木匠则具有高的任务完整性，因为他负责家具设计和制作的整个过程。

3. 任务重要性

任务重要性是指工作在多大程度上会对组织内外人们的生活或工作产生影响。当员工认为他们的工作对于很多人都非常重要的时候，他们往往会喜欢自己的工作。例如，医学研究人员往往能够体验到较高的任务重要性，因为他们的工作将会提升人类的健康水平和幸福感。

4. 自主性

自主性是指一项任务在多大程度上允许员工自己决定完成工作的方式和方法。高自主性往往带来高水平的内在激励。例如，在税务部门负责接收纳税申报单并负责将其归类的员工具有较低的自主性，因为他必须按照固定的、预先确定的步骤工作，并且必须遵循严格的分类规则。

5. 反馈

反馈是指一项任务在多大程度上给员工提供关于他工作效果的明确信息。得到反馈对于内在激励水平具有积极的影响。例如，图书馆负责整理图书的员工很少得到关于自己工作情况的反馈，他们往往不清楚自己是否出了差错。

员工可以对自己的工作在上述五个方面进行评价，然后根据评价结果计算出他所从事工作的潜在激励分数（motivating potential score，MPS）。潜在激励分数是对工作能激发员工内在激励水平的一个整体评价。根据已有研究，MPS等于前三个核心特征（技能多样性、任务完整性和任务重要性）的平均分乘自主性和反馈。

（二）员工的关键心理状态

工作特征模型认为，工作的上述五方面特征将会对员工的三种重要心理状态产生影响，哈克曼和奥尔德姆（Hackman & Oldham，1978）称其为决定员工内在动机的三种关键心理状态。

1. 员工是否觉得自己从事的工作有意义

当员工从事的工作具有较高的技能多样性、任务完整性以及任务重要性时，他们往往会觉得自己的工作是有意义的。例如，一位员工在自己的工作中既要运用技术技能，也要使用人际技能和概念技能（技能多样性），同时可以在组织的最终产品中看到自己所做的贡献（任务完整性），而且他还能够感受到自己的工作对于别人的重要价值（任务重要性），那么这位员工一定会强烈地感受到自己工作的意义。

2. 员工是否觉得自己对工作的结果负有责任

这一心理状态往往与自主性这个工作特征有密切的联系。当员工自己可以完全自主地决定如何以及什么时候完成工作，那么员工更愿意对工作的结果承担责任。相反，如果工作的方式和日程完全是上级安排好的，则员工往往倾向于推卸责任。

3. 员工是否知道自己的工作效果究竟如何

反馈可以让员工了解到自己究竟做得怎么样。反馈可以来自多个方面，如上级、下级、同事、客户、质量检测部门等。及时的反馈可以让员工掌握自己的工作效果，积极的绩效反馈（如告诉员工你的工作做得非常好）可以强化员工的工作积极性，而消极的反馈（如告诉员工你的工作还存在着哪些问题）则有助于员工及时调整自己的工作方式或者针对性地改进工作技能。

（三）组织和个人产出

工作特征模型认为，当员工在上述三种心理状态上都感觉比较好时，组织和个人都会从中获益，具体体现为以下四个关键结果。

1. 高内在激励水平

根据工作特征模型进行成功的工作设计，最为直接的结果是提高员工的内在激励水平。当工作的五个方面得分都比较高时，员工在三种心理状态上都有积极的体验，从而受到高度的内在激励。对于内在激励程度比较高的员工来说，工作本身就成为一种享受。

2. 高工作绩效

如果工作在五个方面得分都比较高，那么员工的三种心理状态就会处于较高的水平，这种较高水平的心理状态又会激励员工更为努力地工作。

3. 高工作满意度

当员工的三种心理状态水平比较高时，员工对自己的工作更满意，因为他们在工作中有了更多个人成长和发展的机会，能更好地表现自己的才能，并且强烈地感受到自己的价值。

4. 低缺勤率和离职率

当员工从工作中得到了乐趣，组织忠诚度得到提高，他们不太可能缺勤或离职。

图6-2对于工作的五种核心特征、员工的三种心理状态以及最终的组织和个人产出之间的关系进行了清晰的展示。

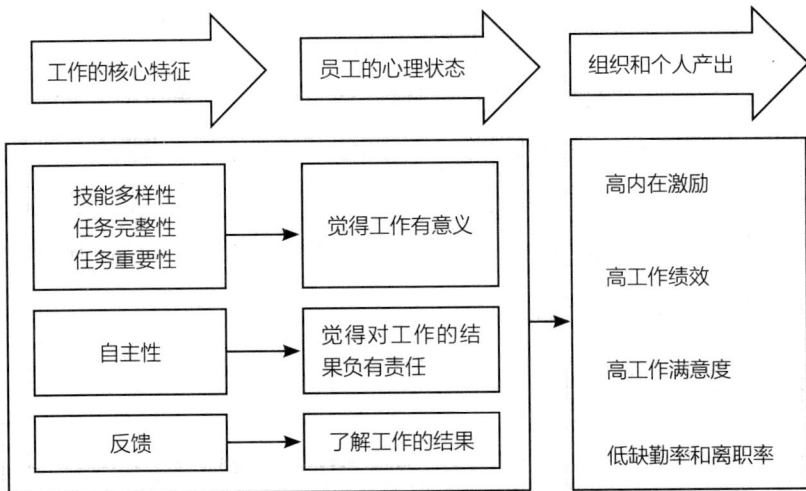

图6-2 工作特征模型的主要内容（Hackman & Oldham，1975）

（四）工作特征模型在应用中需注意的问题

需要指出的是，工作特征模型的有效性受到了员工个体差异的影响。具体而言，主要有三种个体差异会影响到工作的核心特征、员工的关键心理状态以及组织和个人产出之间的关系。

1. 成长需要的强度

根据马斯洛的需要层次理论以及奥尔德弗的生存—关系—成长理论（Alderfer，1969），员工渴望通过工作满足的需要是分层次的，从维持生存的基本需要到自我实现、自我成长的高级需要。所谓成长的需要，指的是个体在多大程度上希望工作有助于自己的成长、学习和发展。当员工的成长需要比较强烈时，模型容易发挥效力。但是，当员工的成长需要比较弱时，工作在技能多样性、自主性等方面的提高反而会让员工感到是一种负担。

2. 知识和技能

完成任务必需的知识和技能的缺乏会导致模型失效。这一点提示管理者，激励不等于工作绩效。充分激励起员工的工作动机只是提高员工工作绩效的一个方面，如果员工不具备完成工作的知识和技能，那么他们对于工作的一腔热情也无法转化为实际的工作产出。

3. 对工作情境的满意度

对工作情境的满意度指的是员工对工作的外在结果的感受，如对报酬、福利、工作安全感以及与同事的良好关系的满意程度。当员工对他们的工作情境不满意时，他们会花费大量精力用于处理自己的这种不满，而对工作隐含的内在激励则不能做出恰当的回应。例如，如果员工陷入自己所在团队的人际冲突时，他往往无暇顾及工作本身的特征，而是困扰于这种情境因素，不能专注于工作。

员工的个体差异提示管理者，在实践中当员工不具备完成工作的基本技能或者工作情境中存在干扰员工工作绩效的其他因素时，对这类问题的解决则更为基础。此外，人员选拔时强调成就动机的重要性以及员工培训时注意提升员工的成就动机，都将有助于工作特征模型在工作设计和再设计中发挥预期的激励效果。

三、社会促进和社会懈怠

组织中的工作设计和个体所在团队的社会影响对组织中员工的影响是最为直接的。上面我们介绍了工作设计对员工心理状态的影响，下面，我们将主要介绍团队对个体的两种社会影响。

（一）社会促进

特里普利特（Triplett，1898）所做的研究是群体动力领域最早的实验之一。他的实验主要是受自行车比赛的启发（图6-3）。当自行车手一个人骑车的时候，他的成绩被记录下来；有时候自行车手和其他自行车手一起骑车进行比赛，还有时候汽车在旁边和自行车手一起开。在各种条件下，毫无意外的是，有其他赛车手或者汽车的时候自行车手的速度是最快的，而单独一个人骑车则是最慢的。针对这个现象，特里普利特设计了实验，验证了的确存在社会促进的现象，即和其他人一起工作个体的工作绩效会提高。

图6-3　社会促进

　　诺曼（Norman）研究的是个体在其他人存在的条件下工作，但彼此没有互动。学生在课堂上答题考试或者自行车比赛就属于这种社会情境。

　　研究者还发现观众也可以促发社会促进。当有观众观看时，举重运动员可以举起更重的东西。但是，也有研究并没有支持他人的存在可以促进绩效的结论。例如，有研究者让一组被试完成两次任务，一次是在独立的小房间里，而另一次则是和其他同学一起在一个大教室中完成。他发现，人们在一起的时候，完成任务的数量增加了，但是质量却下降了。总之，在扎荣茨（Zajonc，1965）之前，有关社会促进的研究结果是令人困惑的，因为有时候他人的存在会导致绩效提高，而有时候却导致绩效降低。

　　扎荣茨（Zajonc，1965）发现，熟悉的、内在的反应，如举重、骑自行车等熟练的或内在的反应，往往会出现社会促进的效果，但是新的、复杂的、缺少练习的行为，如解决数学难题或者写诗，往往很难出现社会促进的效果。基于此，扎荣茨等人（Zajonc & Sales，1966）指出，他人的存在会导致人们的主导反应（dominant responses）被促进，但会阻碍个体的非主导反应（subordinate responses）。

　　在扎荣茨（Zajonc，1965）之后，研究者开始质疑，究竟是无关他人的存在还是他人需要和当事人存在一定的关系，可以刺激个体的唤起水平。为了解决这个问题，科特雷尔等人（Cottrell，Wack，Sekerak，& Rittle，1968）让一组被试当着两个被蒙着眼睛的假被试的面来完成任务，并告诉被试这两个假被试在等待参加另外一个颜色知觉的实验，那个实验要求被试先蒙着眼睛以适应实验环境，另外一组被试则要求当着一位观众的面完成任务，这个观众并没有被蒙着眼睛。该研究表明，仅仅是他人的存在并不足以使被试的兴奋水平增加。

　　此外，沙赫特（Schachter，1959）发现，被高度唤起的个体（特别是当这种唤起是由恐惧造成的）积极地寻找在同样情境中的其他个体，并且希望在群体中一起度过而不是一个人面对恐惧。杰勒德（Gerard，1963）和拉比（Rabbie，1963）告诉被试，他们将要遭到痛苦的电击，然后研究者发现被试倾向于与其他人待在一起等待电击而不是自己一个人等待。在后续的研究中，研究者提高了事件的不确定程度，告诉被试每四人中会有一个被试遭到电击，结果发现，在不确定性增加的情况下，被试希望和其他被试一起等待的强度进一步增加。

这些实验室研究与我们在现实中的观察是一致的。群体成员在极度焦虑的情况下往往更为团结，更具有凝聚力。麦格拉思（McGrath，1976）指出，个体的绩效水平和唤起水平之间呈现倒U型关系，即随着焦虑水平的增加，绩效水平会增加，但是当焦虑水平大于中等程度时，个体的绩效水平便开始降低。

因此，基于上述相关研究结论可以得出，随着群体变得越来越具有评价性、威胁性或者强烈的鼓励性，个体在自己熟悉的工作上的绩效会越来越好，而对于自己不熟悉的需要创新和学习的任务而言绩效则越来越差；当群体富有支持性、令人舒适或者无条件的接纳时，个体熟悉的工作的绩效反而较差，而需要个体创新和学习的工作的绩效反而更好。

（二）社会懈怠

德国心理学家林格尔曼曾经做了一个实验，实验仅仅要求工人们努力拉绳子，一人或者和一人、两人直到七人一起拉，同时他测量了人们拉绳子的力量大小，结果发现，随着人数的增加，人们平均使出的力量在不断减小（Kravitz & Martin，1986）（图6-4）。

拉坦内等人（Latane，Williams，& Harkins，1979）认为林格尔曼的实验方法过于费力并且效率较低，因此选择其他方式（鼓掌和大喊）来验证林格尔曼的研究结果。结果表明，随着群体人数的增加，人均鼓掌和欢呼的强度都降低了。

图6-4　社会懈怠

团队中个体的社会懈怠无疑会损害团队和个人的绩效。通过提高个体贡献的可识别性（identifiability），减少搭便车的机会（free riding），提升个体的卷入感（involvement）以及提高个体对团队的认同（identification），有助于缓解社会懈怠的发生。

群体规范和个体偏离

在上一节中我们介绍了群体对个体的影响可以分为两类刺激，一类是环境刺激，另一类是自主决定刺激。因为大多数群体都控制着个体所关注的刺激，如金钱、名誉、社会接纳等。因此，群体如果想要塑造个体的行为，只需要根据个体的行为来决定是否给予或者撤销这些个体所关注的刺激。当群体希望某个成员表现出某种行为或者撤销某种行为时，他们只需要操纵那些自主决定的刺激，使得该成员明白遵从群体的要求对他自己而言更有利。这种通过团队成员集体实施自主决定刺激的方式来塑造群体中个体行为的过程尽管很有力，但是会耗费大量的时间和精力，因此并不是一个协调和控制团队成员行为的有效方法，特别是当群体规模比较大的时候。

那么团队是通过什么方式来调控成员的行为的呢？事实上，群体内部对成员行为的调控更常见的是通过使用行为规范的方式来完成的。行为规范是一种有力并且有效的方式，用于调控群体成员的行为。行为规范在所有团队中都存在。戴维斯（Davis，1950）曾经指出，"只有在假设的情况下，我们才可能谈论一个没有规范的人类群体"。

一、群体规范的特征

这一部分我们将着重考察群体规范的特点和效果，包括人们在什么情况下会服从规范以及当有人偏离规范时会发生什么样的情况。首先，我们先介绍规范的五个特征，这些特征使得规范与组织中群体的其他特征有所不同。

第一，规范是群体的结构特征，规范对群体的影响过程进行了概括和简化。尽管关于规范的定义很多，但是一般达成的共识是：群体是结构而不是过程，而且规范的主要功能是调节和规范成员的行为（Bates & Cloyd, 1956; Festinger, Schachter, &

Back, 1950; Levine & Moreland, 1990; Rommetveit, 1955; Thibaut & Kelley, 1959)。因此, 规范是一个非常重要的方式, 使得群体不必持续地使用自主决定的刺激来控制成员的行为。

第二, 规范仅仅适用于行为, 而并不适用于个人的思想和感受。尽管也有研究者讨论规范对于成员观念和态度的作用, 这里我们所指的规范完全针对的是群体成员的实际行为。这种规范还包含言语行为, 也就是说, 个体说他们相信什么, 个体说他们的态度是什么, 这些言语会受到规范的控制。但值得注意的是, 群体给个体施加的自主决定刺激尽管也可能影响个体实际的态度和信念, 但是和仅仅迫使个体口头上同意群体中大多数人的观点相比, 前者对个体实际的态度和信念的影响过程相比较而言更为复杂和微妙。

第三, 规范往往调节的是群体成员认为重要的那些行为。群体规范所指向的行为, 往往是那种可以通过直接的或者或多或少持续的社会影响控制的行为(Thibaut & Kelley, 1959)。费尔德曼(Feldman, 1984)指出, 这些行为往往是那些能够确保群体存活、增加群体成员行为的可预测性、避免尴尬的人际关系情境或者能够表达群体的核心价值观的行为。这里我们强调群体规范所指向的行为是群体成员认为重要的行为, 但是需要区分的是, 群体成员认为重要的行为并不意味着就真的重要。很多群体形成的那些群体成员认为重要的行为规范, 实际上对于群体的福祉而言几乎微不足道。例如, 一些群体会对着装的细节有严格的要求, 成员们会一致认为着装统一对于群体十分重要, 但却难以解释为什么重要。

第四, 规范往往是逐渐形成的, 但是群体成员可以选择缩短规范形成的过程。群体的行为规范往往是在群体采用自主决定刺激去调节他们认为重要的行为的过程中, 随着时间推移而逐渐形成的。事实上, 有研究者指出, 规范形成和实施的过程是如此缓慢和隐蔽, 以至于对于观察者而言往往是难以觉察的(Machotka, 1964)。但是, 群体规范形成的过程依然是有规律的, 有很多组织行为领域的学者提出了群体规范形成的模型(e. g., Bettenhausen & Murnighan, 1985; Feldman, 1984; Gersick & Hackman, 1990)。当然, 群体可以有意地缩短群体规范形成的过程。如果出于某种原因, 群体成员认为特定的规范是有益的, 他们可以同意采用这样的规范, 他们需要做的仅仅是宣布"从今天开始，存在这样的规范"就可以了。例如，有人可能会说："我们在讨论的过程中好像经常彼此打断，咱们定这么一个规范，在一个人说完话之前，另外一个人不要插嘴。"如果群体中的所有成员都接受这个规范的话，那么人们在随后的观察中会明显发现群体内成员间的互动发生了变化。

第五，并非所有规范都是适用于所有人的。很多规范对于群体中的每个人并不是一视同仁的。地位较高的群体成员往往有更大的自由偏离群体规范的要求，而且群体可以形成只是针对某个成员或者特定子群体的规范。因此，按照蒂博和凯利（Thibaut & Kelly, 1959）的说法，我们谈及规范就代表了它所适用于的个体和子群体的角色。

二、群体规范的模型

杰克逊（Jackson, 1960, 1966）提出了一个非常精巧的群体规范结构模型。该模型基于群体成员对特定情境中可能表现出的各种行为的支持或反对的程度的分布，用一个二维坐标系来表示规范：横轴是该行为表现出的强度，我们可以将其称为行为维度；纵轴是群体成员对该行为支持和反对的程度，我们可以将其称为评价维度。杰克逊将这个模型称为潜在回归模型（return potential model, RPM）（图6-5）。这个二维坐标系可以表征群体对各种可能行为的支持和反对的模式与强度。

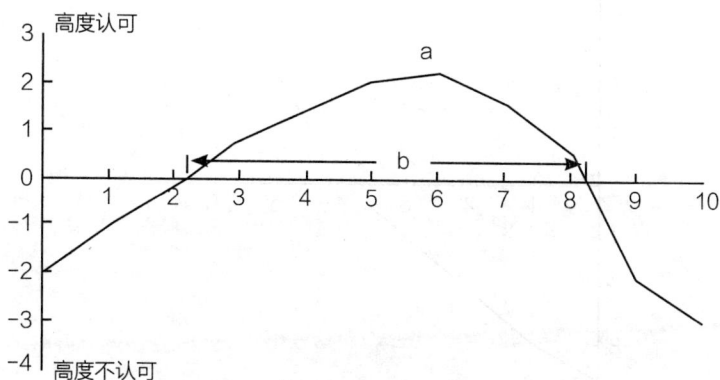

图6-5　群体会议中成员发言行为规范的潜在回归模型

注：横轴代表发言行为的强度，纵轴代表群体成员的评价.

潜在回归模型可以用于描述群体规范调节成员行为的任何情境。要应用这个模型，需要从群体成员那里获得他们对于各种行为的支持和反对的程度，也可以通过观察群体内部的行为，从而推断出该群体对特定行为的规范。基于这些数据，就可以绘制一个潜在回归曲线了。图6-5描述的是群体成员在群体会议中发言多少的规范。这个潜在回归曲线表明：说得太多或者说得太少群体成员都不支持。但是，这里还可以看出来一点，就是说得太多的时候，群体成员反对的程度要大于说得太少的时候。需要说明的一点是：横轴上行为的单位是主观设定的，在实际使用的过程中，可以采用对特定行为而言有意义的量尺对行为的强度进行区分。

图6-6中的潜在回归曲线描述的是在一小时的群体讨论中一个成员可以说话的次数。假设我们将行为的强度设定为从一言不发到发言8次。潜在回归曲线绘制的是群体成员对每一个行为强度的平均感受。在图6-5中，群体成员强烈反对不参与群体讨论的行为。事实上，一个成员至少要发言4次，他的行为才不会被批评。当一个成员发言的次数多于6次时，群体成员对发言行为的支持程度开始减少，但依然是支持的；直到群体成员发言次数大于7次，群体成员才开始反对。潜在回归曲线并不是描述当事人将实际得到多大程度的支持或者反对，而是描述了如果群体中的所有成员都表达出他们对他行为的感受的话，他将得到多大程度的支持或者反对。因此，这个曲线被称为潜在回归曲线。

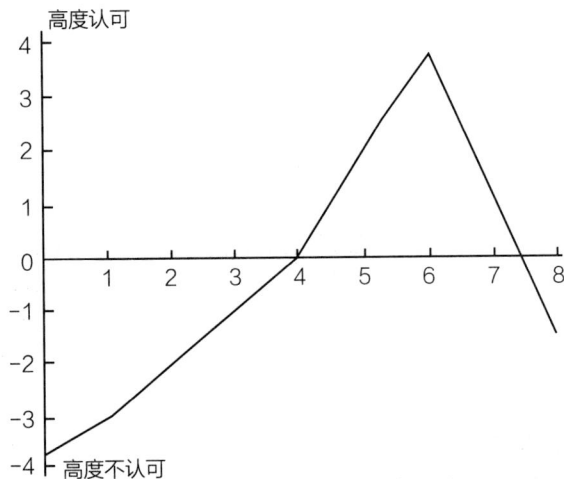

图6-6　群体讨论中成员发言行为规范的潜在回归模型

　　潜在回归曲线描述了特定的群体针对特定对象在特定情境下的特定行为维度的感受的分布。但是，非常清楚的一点是，该曲线并没有告诉我们任何在该群体中所发生的实际行为，仅仅是有关人们的感受，而这种感受有待于特定的行为来激发，从而表现为实际的行为。

　　从理论上来讲，潜在回归模型可以是任何形状。可能不参与讨论在其他群体中是更为接受的行为，或者甚至可能是被高度支持的。马奇（March，1954）提出，有三种基本的规范类型：①偏好价值规范（preferred-value norm）；②无法实现的理想规范（unattainable-ideal norm）；③可以实现的理想规范（attainable-ideal norm）。

　　所谓偏好价值规范，正如图6-5和图6-6所表达的，即过多或者过少的行为表现都不被支持，群体有自己明确的偏好范围。所谓无法实现的理想规范，即认为特定的行为越多越好，没有最好，只有更好（图6-7）。举例而言，在一个学术群体中，个体贡献越多的深刻见解就越好；或在一个橄榄球团队中，越多的抢断越好。所谓可以实现的理想规范，是指尽管一开始也是越多越好，但是到达一定程度之后，再多就没有什么区别了（图6-8）。

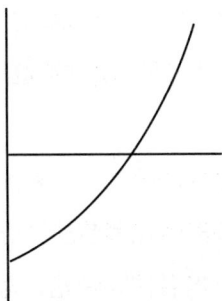

图6-7　无法实现的理想规范　　　　图6-8　可以实现的理想规范

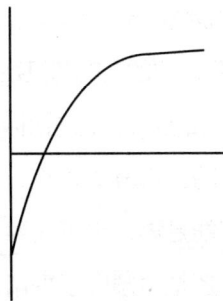

　　潜在回归曲线可以用来对团队规范特征进行量化测量。在图6-6的潜在回归曲线所描述的情境中，要求群体成员参与的规范非常严格；这个规范非常强调积极地参与群体讨论；对于服从和偏离持有强烈的感受。在整个行为维度上，群体成员更可能受到指责而不是赞扬。杰克逊（Jackson，1966）指出，从潜在回归模型可以得出以下五种特征。

① 最大回应点（point of maximum return）。群体规范的一个重要的特征是最大回应点（图6-5中的a点）。这一点获得的群体成员的支持程度最大。这一点可以被看作代表群体所认可的理想行为。对于特定社会系统中位于不同社会地位的成员，群体中其他成员心目中的最大回应点有可能是不一样的。对于有些行为维度而言，最大回应点可能会因性别或角色等群体成员特征的不同而不同。最大回应点可以用于比较一个群体随着时间推移规范的变化情况，也可以就特定行为维度上不同群体的规范进行比较。

② 可容忍的行为范围（range of tolerable behavior）。可容忍的行为范围指的是群体成员认可的行为区间（即图6-5中的范围b），在这个行为区间的行为也就是群体规范所允许的行为。研究表明，一个行为的后果对于群体的影响越大，可以容忍的行为范围就越窄。谢里夫（Sherif，1936）还指出，在重要的事情上，对领导比对群体成员的可容忍行为的范围更窄。

③ 潜在回归差异（potential return difference）。潜在回归差异是指群体中获得支持或不支持的整体规范调节的行为数量。当特定规范可容忍的行为范围比较狭窄时，个体的行为更容易受到否定而不是肯定。如果一个群体中很多规范都只有狭窄的可容忍行为范围的话，那么在这样的群体中生活会充满威胁而不是鼓励。在这样的群体中，我们可以预测群体成员的主动性和创造性水平较低，而焦虑水平较高，群体成员对他人的意见特别在意，特别是那些身居高位的人的意见往往特别受到群体成员的关注和遵从。因此，潜在回归差异是群体的一个非常有意义的指标。

潜在回归差异的计算方法是将所有行为的纵坐标的值相加求和。因此，潜在回归差异可能是正，可能是零，也可能为负，取决于该群体在调节成员行为的时候更强调采用奖励的方式，还是更倾向于采用惩罚的方式。当潜在回归差异为负时，就该行为而言，其所处群体的氛围是威胁性的；当潜在回归差异为正时，就该行为而言，其所处群体的氛围相应的是支持性的。沙赫特和霍尔（Schachter & Hall，1952）的研究证实了威胁性和非威胁性氛围对于成员行为的重要影响。他们发现，当群体限制减少时，会有更多学生自愿参加实验；但当氛围更具威胁性时，自愿参加的人中会有更多的人在约定的实验中实际出现。因此，我们应该依据不同的目的，如促进主动性、自发性或顺从行为，来努力提升或降低行为规范的潜在回归差异。

④ 规范强度（intensity of a norm），是指对规范调节行为的支持或不支持的强度。在有些行为领域，违反者会受到严厉的惩罚；而在有些行为领域，不管个体如何行为，群体成员似乎都不太在意。有时候，理想的行为会得到极大的赞许和奖励，如个体会被称为英雄或者自我奉献。总之，由恰当的或者不恰当的行为所引发的赞成和反对的强度差别会非常巨大。一个规范的强度，是由潜在回归曲线的高度决定的，这个高度既包括支持，也包括反对。

规范强度的计算方法是将所有行为的纵轴的绝对值相加。因此，强度反映的是与特定规范相联系的所有情感的数量，无论该情感主要是积极的还是消极的。有关个人偏好的规范，如说话、走路、穿衣风格，往往强度较低。当群体成员并不在意的时候，这类规范的曲线往往相对较平缓。相反，在学校或家庭教育中，孩子的行为规范往往强度较高。有研究表明，要求严格的父母所培养的孩子在智力上的发展更快。规范的强度指标可以用于比较不同群体的规范调节的程度大小，也可以用于比较同一个群体内不同规范的相对重要程度。如图6-9所示，潜在回归曲线更平缓，因此规范强度更小；图6-10的潜在回归曲线更陡峭，因此规范强度更大。

⑤ 规范的结晶化（crystallization of a norm）。规范的结晶化程度是指群体成员对于特定行为维度支持或反对的一致性程度。判断特定的规范在群体或者一个社会系统中是否存在，在潜在回归模型的框架下有两种可能。一种可能是，当特定行为维度的强度非常低，换句话说，就是群体中的成员对于群体中的个体如何行为根本不介意，我们可以认为，就该行为而言，可能在该群体中并不存在规范。另外一种可能是，就特定的行为领域而言，群体中的成员对于该行为没有一致的意见。在这种情

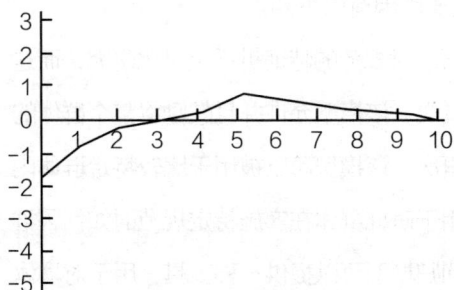

图 6-9　高强度的规范

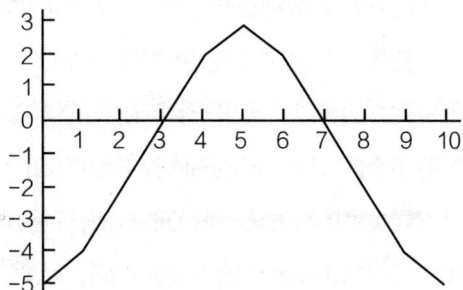

图 6-10　低强度的规范

况下，潜在回归曲线可能非常平，说明强度非常低。还有一种可能就是，因为潜在回归曲线是采取群体成员对待特定行为的反应的平均值而绘制的，也就是说，极力支持和极力反对的意见可能相互抵消了，因此，较平的回归曲线可能实际上掩盖了群体成员彼此意见不一致的事实。鉴于此，潜在回归模型开发出了另外一个指标——结晶化。一个规范的结晶化程度代表了群体成员对特定行为维度支持或反对的一致性程度。结晶化程度表明了一个群体有效控制成员行为的可能性。除非群体成员对特定的群体规范达成中等程度的共识，否则群体成员难以采取一致的行动来实施特定的规范。

结晶化程度的计算方法是将群体成员在特定行为维度的每个点上的支持程度的方差加总。尽管低强度和低结晶化程度都可能代表特定的规范可能不存在，但是他们表明了群体中的不同状态；当结晶化程度较高而强度较低时，说明群体成员不认为该行为维度有什么重要性；当结晶化程度较低时，就可能有多种解释，需要综合考虑其他因素。吉布（Gibb，1964）指出，这可能表明该群体相对不够成熟。但是，如果该群体已经非常稳定地建立起来的话，有研究者认为，这表明群体内部存在分裂。盖尔戈普洛斯（Georgopoulos，1958）发现，对规范认识的异质性程度或者称作结晶化程度，与组织的有效性呈现正相关。该研究者选择了被判定为非常核心的行为维度。但是，对于一个组织中其他不太重要的行为领域而言，其结晶化程度可能就不是那么重要了。

杰克逊和他的同事将潜在回归模型应用在大量群体和组织情境中，一方面用于理解社会系统的内在动力机制，另一方面进行群体间的比较研究。已有研究结果表明，潜在回归模型特别适合于研究组织中的群体，主要原因有以下四点。

首先，潜在回归模型提供了一种方式，使得可以对规范的特征进行定量化研究，而这种研究方法可以直接用于实际研究的情境之中。其次，该模型允许并且鼓励将整个群体的规范和个体对同一规范的体验进行直接的比较。再次，该模型可以被用于比较特定群体内对不同类型的行为进行调节的规范，甚至可以被用于研究群体在实施特定规范时如何因群体成员的角色或地位的不同而不同。最后，潜在回归模型可以提供一种工具，用于对群体规范进行诊断，这可以作为改善群体功能对群体进行干预的第一步。

潜在回归模型可以帮助群体成员客观并且简明地看到群体的规范实际上是什么，以及这些规范是如何以令人惊讶的或不知不觉的方式引导行为的。将暗含的规范提升到清楚的意识层面并且对其进行讨论，可以为群体的改进提供强大的推动力。

三、个体对群体规范的遵守

当规范所界定的行为与群体成员的个人态度、信念和行为倾向相一致时，对规范的遵从不是什么问题。有意思的是，当成员的个人态度和信念与群体规范不一致的时候，是哪些因素导致人们遵守群体的规范，而他自己实际上并不愿意这样做呢？已有的研究结论集中于三类变量：与群体规范自身有关的变量、与群体成员自身有关的变量以及成员在群体中的角色。

（一）与群体规范自身有关的变量

一般而言，那些结晶化程度较高并且强度较高的规范会导致群体成员更好的遵从。因为对于一个结晶化程度很好的规范而言，群体成员对于既定行为应该给予多大程度的支持或者反对，已经达成较高共识。群体对于一个在可容忍行为范围之外的成员该如何反应是清楚的而不是混淆的。因此，一个偏离该规范的成员将会受到其他成员几乎一致的惩罚，群体成员对群体规范的一致支持是影响成员遵从的重要条件，而且因为其他成员支持或者反对的情绪非常强烈，他们对于偏离群体规范的行为往往反应非常果断。

一个群体被称为具有规范的力量，当其规范的结晶化程度很高并且强度很大的时候，群体成员对这类规范的遵从程度往往较高。结晶化程度很高表明群体成员对该规范的认识高度一致，强度很大表明群体成员对规范的遵从者和规范的偏离者表现出很强的情绪反应。因此，正是群体规范较大的强度和较高的结晶化程度，使得几乎很难看到偏离这样规范的个体。

现在，我们考虑这样一个情形：一个规范是高度结晶化的，但是强度却不大，杰克逊将这种状态称为"空虚的一致"（vacuous consensus）。在这种情况下，对这种规范的遵从行为很少，就是因为群体成员对这样的规范根本不放在心上——尽管他们对于应该如何做达成了较高共识。我们再来考虑一个相反的情境：一个规范的强度很大，但是结晶化程度却较低。根据杰克逊的理论，这种情境有高度的冲突的可能。因为每个成员对于该规范都报有强烈的情绪情感，但是每个人对于究竟应该如何做却怀有不同的期待。这就使得冲突往往难以避免。

总之，高强度、高结晶化程度的规范往往导致高度的遵从行为以及对任何偏离行为的校正，高结晶化、低强度的规范可能使得群体成员没有动力去纠正那些违背规范的成员，而高强度、低结晶化程度的规范则容易导致矛盾冲突。

（二）与群体成员自身有关的变量

从一个观察者的角度来看，不同个体遵从群体规范的程度存在很大变异。人们很容易将这种变异看作个体人格特征的表现。人们很容易想到某些人总是倾向于遵从，而有的人则总是做出与群体所期待的行为相反的行为。还有一些人表现出很大的变化，有时候遵从，而有时候却不。还有的人总是特立独行，看起来根本不受群体规范或同事的影响。实际上，个体往往是隶属于多个群体的，个体选择遵从某个群体的规范而不遵从另外一个群体的规范往往更多取决于个体的需求。当个体发现遵从特定群体的规范所获得的报酬或者奖赏富有很强的吸引力且可以在很大程度上满足个体的需求时，个体会选择遵守该群体的规范。

研究结果基本上支持这样的结论：一个群体对个体而言越是具有吸引力，群体成员遵从该群体规范的程度就越大。因此，在高度凝聚力的群体中，对规范的遵从往往更为普遍，因为群体成员对于保持该群体以及维持群体内部的社会互动非常关注。

（三）成员在群体中的角色

个体在多大程度上遵守群体的规范不仅仅取决于规范本身的特点，也不仅仅取决于成员个体的需要和需求，还取决于个体在群体中的角色。在群体中担任某些角色的个体往往比别人有更大的自由，特别是在遵守群体规范方面。霍兰德（Hollander, 1964）提出了特权（idiosyncrasy credits）的概念，特权使得群体成员可以表现出对群体规范的偏离，但是却不会受到来自其他成员的压力和惩罚。

有三种方式可以使得群体成员增加其特权：第一，特权分数是可以从外面引入的，当个体拥有较高的外部地位时，群体成员对于该个体遵守群体规范的要求会降低和放松；第二，特权分数往往赋予那些在群体内部有较高地位的个体，这些有地位的群体成员可以在一定程度上不受到群体规范的约束，但同时也不会受到来自群体成员的惩罚；第三，如果群体成员并没有较高的外部地位，同时也没有较高的内部地位，那么获得特权分数的第三种道路是做一个群体的好公民，认真履行群体的规范，并且为群体做出尽量多的贡献，该成员的特权分数会逐渐增加和积累，从而可以在一定程度上偏离群体规范而不会受到同伴的惩罚。

四、个体对群体规范的偏离

通过规范的方式对群体内部的行为进行调控，不可能是完美的。即使当一个规范强度很大并且结晶化程度很高，人们有时候还是会从事可容忍范围之外的行为。无论对群体规范的违背是有意的还是无意的，这样的行为总是会或多或少受到来自其他群体成员的惩罚。

但是，究竟会发生什么样的事情呢？有三种可能性：第一，群体可以采取行动纠正那些偏离者的行为；第二，群体可以从心理上或者行为上拒绝偏离者；第三，群体可以接纳偏离者，通过调整其规范的方式，使得那些原本看起来是不符合规范的行为符合规范，甚至使得那些行为成为受到推崇的行为。在最后这种情形中，偏离者改变了群体，而不是群体改变了偏离者。当群体成员表现出偏离行为时，群体的某个代表会间接地暗示或者直接地和该个体沟通，采用自主决定的刺激来引导偏离者回到群体规范上来。但是，如果偏离者依然背离群体规范，自主决定的刺激并没能改变群体成员的行为的话，群体可能会选择改变心理群体的构成（Festinger, 1950）。大量研究表明，个体如果持续地违背群体规范的话，最终会被群体及其同事拒绝。

与阿施（Asch, 1951）的研究正好相反，莫斯科维奇等人（Moscovici, Lage, & Naffrechoux, 1969）研究了少数人对多数人的影响。在他们的实验中，两个假被试作为群体的偏离者总是将蓝色的胶片指认成绿色，随后大约有三分之一的无辜被试也至少做出一次绿色的反应。

很明显，社会影响不仅仅从多数人指向少数人，也会从少数人指向多数人。那么，问题就在于，在什么样的情况下，群体中的少数人，甚至当他们正在获取来自同事的自主决定刺激旨在对自己的行为进行校正时，将大多数人的立场转向他们自己一方的。

少数人要影响群体中的多数人，最为重要的一点是，少数人提出的新的行为或者观点的建议，本身是清晰和明确的。少数人的观点尽管与多数人不同，但是他们新提出的观点本身很明确和清楚，得到了多数人的理解，这一点是他们获取支持和赢得整个团队的最为根本的条件。试想，团队中多数人本来已经有了一个立场和态度，当你提出的新立场本身并不清晰且令人难以理解时，你要改变其他人的可能性就比较小。

研究者发现，少数人要影响群体中的多数人，只有在他们能够坚持自己的观点和立场的情况下才有可能。当少数派自身反复无常或自身的观点和行为都不能保持一致时，他们几乎难以产生任何影响力。因此，少数派如果试图转变整个团队的观念，那么他们自身要保持一致，尽管他们随时都接受到来自多数人的影响，试图将他们拉回到团队原来的路径上。

这里有一点需要强调，少数派如果能够在一开始的时候遵守群体或者说大多数人的规范，随后引入他们新的观点或行为的话，那么他们往往更具有影响力。这个策略和我们在前面提到的霍兰德的特权的概念是一致的。一个人在多大程度上有偏离规范的自由，取决于他的特权积分。当你拥有了足够的特权积分时，你的偏离行为更容易被允许和接纳。研究表明，最初对大多数人的遵从的确可以促进随后的影响力。

群体中的多数派往往看起来意见一致，这是因为多数派往往从来都没有仔细思考过他们的规范的基础。当面对一个新的观点时，多数派开始积极地思考自己的观点。这种对自身观点的重新思考可能使得原先存于多数派成员之间的分歧明显化和公开化，可能会引入以前从来没有考虑过的视角，并且打开变革的通道。但是，要促成这样的局面，促使多数派开始重新思考自己的规范和观念，少数派一定要保持一个共同的、无缝隙的立场。而且,少数派只有一个人往往是不够的,孤独的偏离者想要将整个群体扭转到自己的立场上,这样的希望是非常渺茫的。孤独的偏离者至少需要一个坚定的支持者,而且他们必须足够强大,可以始终保持一致的立场,即使多数派表现出对他们的厌恶,并且尝试识别、强调并且扩大他们彼此的分歧。

尽管群体不愿意公开拒绝和排斥偏离的成员,但是少数派由于反复表达自己的立场和观点,很容易被贴上叛离者的标签。因此,那些希望影响多数派的人必须像走钢丝一样保持均衡,既不能太柔和,这样会使他们的观点得不到认真的考虑,也不能太强势,这样会使他们以及他们的观点被封存和搁置一边。研究表明,少数派因为太强势而被群体拒绝的情况往往发生在这样的条件下:一个是当少数派成员的人际风格比较僵化和教条,另一个是当少数派成员是"双重少数派"。所谓"双重少数派",即不仅是他们的态度和观点与大多数群体成员不同,而且他们的人口统计学特征或者他们所隶属的身份群体也与大多数群体成员不同。例如,两个女性在以男性为主导的群体中提出自己与其他男性成员不同的观点,或者两个黑人在以白人为主导的群体中提出自己与众不同的观点。在这两种情况下,少数派及其观点很容易被多数派拒绝和排斥。相反,如果少数派的人际风格是灵活且有理有节的,并且少数人的身份特征与多数人是一致的,给多数派一种"我们这样的人"(people like us)的感受,那么少数派的观点被接受的可能性更大。此外,少数派的立场和观点如果与时代精神相吻合,那么他们往往有更大的影响力。

尽管多数人的影响可以非常有力地推动群体规范的执行,但是,他们的风险在于,人们很可能虽然在行为上遵从了群体的规范,但是个人的信念和观点却对多数人所推崇的规范的正确性持保留态度。少数人的影响往往非常微弱,但是相当持久。事实上,研究已经发现,少数人的影响尽管一开始没有立即的行为效果,但是,相反他们会改变多数派成员自身的思想和感受,而这些思想和感受上的改变随后才能逐渐反映在公开的行为上。有研究者指出,多数派和少数派的影响激发的是两种不同的思维过程。具体而言,多数派的思维引发的是聚合性思维,而少数派引发的是发散性思维。研究表明,少数派的影响可能会导致群体思考更多的备选方案,激发建设性的人际冲突,并且促进思维和行动的原创性。而且,这样的效果被证明发生在即使少数派的立场是完全错误的情况下。

上述讨论让我们不得不思考一个问题，就是规范的偏离与群体有效性之间的关系。已有的研究描绘了这样一个主导的群体过程：一致地遵从群体的规范并且履行个人的角色是一条定规。当有人偏离时，其他成员会采用自主决定的刺激去试图说服或者要挟个体回到原先的轨道上来。这种压力会一直持续，直到该个体①屈服并且不再表达偏离的观点或表现出偏离的行为；②从心理上或者身体上被群体成员所抛弃和拒绝，被制度化为群体的叛离者；③最终说服了群体中的其他成员，让他们接受自己的观点。

一个群体对于自主决定的刺激的控制力越强，该群体就越有可能在第一个环节就消灭偏离现象。在这种情况下，群体成员可能尽量按照群体的要求履行他们的角色，避免违背群体的规范，并且公开认同所谓"正确的"态度和信念。从所有可以觉察的指标来看，这个群体看起来很好，但是这种处理偏离的方式对群体的健康是功能不良的。原因有二：其一，如果人们之所以遵守是因为来自其他同事的存在于群体内部的压力的话，该群体将面临巨大的风险，即公开的遵守是以内心的拒绝为代价的。如果一个群体中充满着说和做与思考和感受完全不同的个体的话，长此以往，群体的有效性是很难保证的。其二，如果群体采用其自主决定的刺激成功地淬灭了所有试图偏离的迹象的话，那么群体就没有机会反思和探索它所奉行的规范的有用性和有效性。正如人们所说的，未经审视的人生是不值得存在的，同样的道理，未经审视的规范也是不值得奉行的。

尽管群体中多数人的过多影响有很大的风险，但是研究表明，群体有强烈的倾向，就是压制所有偏离的信号。群体很少试图思考这样的问题：为什么人们会偏离群体规范？个体对群体规范的偏离对群体而言会有什么样的后果？以哪种方式对待偏离可以一方面更好地服务于群体利益，另一方面也有助于个体利益的实现？对上述问题的思考，对于改进群体的有效性至关重要。

参考文献和延伸阅读

Alderfer, C. P. (1969). An empirical test of a new theory of human needs. *Organizational Behavior and Human Performance,* 4(2), 142-175.

Asch, S. E. (1951). Effects of group pressure upon the modification and distortion of judgments. In H. Guetzkow (Ed.), *Groups, leadership, and men*. Pittsburgh: Carnegie.

Coch, L., & French J. R. P. (1948). Overcoming resistance to change. *Human Relations,* 1(1), 1656-1658.

Cottrell, N. B., Wack, D. L., Sekerak, G. J., & Rittle, R. H. (1968). Social facilitation of dominant responses by the presence of an audience and the mere presence of others. *Journal of Personality and Social Psychology,* 9(3), 245.

Festinger, L. (1950). Informal social communication. *Psychological Review,* 57(5), 271.

Georgopoulos, B. S. (1958). *The normative structure of social systems: A study of organizational effectiveness.* Ann Arbor: University Microfilms.

Gerard, H. B. (1963). Emotional uncertainty and social comparison. *The Journal of Abnormal and Social Psychology,* 66(6), 568.

Gibb, J. R. (1964). Climate for trust formation. In Bradford, L. P., Gibb, J. R., & Benne, K. D. (Eds.), *T-Group theory and laboratory method*. New York: Wiley, 279-301.

Hackman, J. R., & Oldham, G. R. (1975). Development of the job diagnostic survey. *Journal of Applied Psychology,* 60(2), 159.

Hackman, J. R., & Oldham, G. R. (1976). Motivation through the design of work: Test of a theory. *Organizational Behavior and Human Performance,* 16(2), 250-279.

Hollander, E. P. (1964). *Leaders, groups, and influence*. New York: Oxford University Press.

Jackson, J. (1960). Structural characteristics of norm. In N. B. Henry (Ed.), *Dynamics of instruction groups: The fifty-ninth yearbook of the National Society for the Study of Education*. Chicago: University of Chicago Press.

Jackson, J. (1966). A conceptual and measurement model for norms and roles. *The Pacific Sociological Review,* 9(1), 35-47.

Kravitz, D. A., & Martin, B. (1986). Ringelmann rediscovered: The original article. *Journal of Personality and Social Psychology*, 50(5): 936-941.

Latane, B., Williams, K., & Harkins, S. (1979). Many hands make light the work: The causes and consequences of social loafing. *Journal of Personality and Social Psychology,* 37(6), 822.

Latham, G. P., & Pinder, C. C. (2005). Work motivation theory and research at the dawn of the twenty-first century. *Annual Review of Psychology*, 56, 485-516.

March, J. G. (1954). Group norms and the active minority. *American Sociological Review,* 19(6), 733-741.

Mayo, E. (1949a). Hawthorne and the western electric company. In Stillman Richard (Ed.), *Public administration*. Belmont, CA: Wadsworth Publishing Company, Inc.

Mayo, E. (1949b). *The social problems of an industrial civilisation.* London: Routledge.

McGrath, J. E. (1976). Stress and behavior in organizations. In Dunnette, M. D.(Ed.), *Handbook of industrial and organizational psychology*. Chicago: Rand McNally.

Moscovici, S., Lage, E., & Naffrechoux, M. (1969). Influence of a consistent minority on the responses of a majority in a color perception task. *Sociometry*, 365-380.

Newcomb, T. M. (1954). Sociology and psychology. In J. Gillin (Ed.), *For a science of social man*. New York: Macmillan, 227-256.

Oldham, G. R., & Hackman, J. R. (1978). Work design in the organizational context. *Research in Organizational Behavior*, 2, 247-278.

Rabbie, J. M. (1963). Differential preference for companionship under threat. *The Journal of Abnormal and Social Psychology,* 67(6), 643.

Schachter, S. (1959). *The psychology of affiliation*. Standford, CA: Standford University Press.

Schacter, S., & Hall, R. (1952). Group derived restraints and audience persuasion. *Human Relations*, 5(4),397-406

Sherif, M. (1936). *The psychology of social norms*. New York: The University Library Harper & Row, Pulishers.

Triplett, N. (1898). The dynamogenic factors in pacemaking and competition. *The American Journal of Psychology,* 9(4), 507-533.

Trist, E. L., & Bamforth, K. W. (1951). Some social and psychological consequences of the Longwall method. *Human Relations,* 4(3), 3-38.

Zajonc, R. B. (1965). *Social facilitation.* Ann Arbor: Research Center for Group Dynamics, Institute for Social Research, University of Michigan.

Zajonc, R. B., & Sales, S. M. (1966). Social facilitation of dominant and subordinate responses. *Journal of Experimental Social Psychology,* 2(2), 160-168.

第七章

群体研究的新动向

随着工作团队在组织中的使用越来越普遍以及科学技术的不断发展，针对团队的研究也呈现出了一些新的方向。本章主要介绍群体研究的一些新技术、对非言语信息的探索以及与传统团队不同的虚拟团队的特点及其规律。

第一节
群体研究的新技术

团队互动的研究历史悠久，但是由于研究方法的限制，团队互动研究主要集中在行为分析上，这些互动行为背后的脑机制却鲜为人知。近年来，世界各国加大了脑神经机制的研究力度，对脑研究技术投入了大量的人力物力，脑成像技术得到了飞速发展，这使得探索多人互动行为背后的脑机制模式逐渐成为可能。

多人交互同步记录（hyperscanning），顾名思义，是指同时、同步地记录多个个体脑活动情况的技术。其实，早在20世纪60年代，就有研究者提出了多人交互同步记录互动脑的思想。杜安和贝伦特（Duane & Behrendt, 1965）曾在《科学》（*Science*）杂志上发表了一篇文章，他们利用脑电技术（EEG）同步记录了双胞胎在实验中的脑电活动，试图证明双胞胎之间可以进行超感官交流。不过，该研究因统计方法缺陷而受到众多质疑。在这之后的近40年时间里，由于技术难度大，多人同步脑技术逐渐被人遗忘。

直到2002年，蒙塔克等人（Montague et al., 2002）首次实现了功能核磁共振成像（fMRI）的多人交互同步记录，这种互动脑的交互同步记录技术才再次回到了研究者的视野中，并很快成为脑成像研究的新热点。在这项具有开创性的研究中，他们利用fMRI记录了两名被试在完成"猜猜看"游戏时的脑活动，发现除了运动区之外还存在多个其他脑区的高关联性激活。这说明，在游戏中，游戏双方除了因相似的行动而产生运动脑区的同步激活以外，在其他心理活动上也存在着一定的脑活动关联。这一发现令人兴奋。之后，越来越多的研究开始使用这种多人交互同步记录技术，而脑记录设备也从功能核磁共振技术发展到脑电记录，近期又延伸至近红外成像技术（NIRS）。多人交互同步记录技术在逐渐趋于成熟，涉及的研究也更加丰富。下面，我们将简单介绍如何使用不同的脑记录设备实现多人交互同步记录，同时回顾一些有趣的多人交互同步记录研究实例。

一、功能核磁共振的多人交互同步记录技术

功能核磁共振的多人交互同步记录技术（hyperscanning for fMIR）是最早被研究者们所认可的，自蒙塔克等人（Montague et al., 2002）的研究之后，80%的社会认知脑神经研究都采用了核磁共振成像技术进行多人交互同步记录（Babiloni et al., 2012）。利用核磁进行多人同步记录的难点在于，它需要在同一地点将多个不同的设备连接在同一个局域网内。此外，不同核磁仪器的参数有差异，这样会造成数据的变异，因此需要采用特殊的、不依赖于信号放大器的信号处理技术，这种信号处理技术是分析不同大脑之间关联性的关键所在。同时，还需要引入一个仪器，为区分信号的变异来源提供模型。为实现数据的同步，还应该有一个专门的电脑服务器，保证每个fMRI的时间一致。图7-1（a）和图7-1（b）为fMRI多人交互同步记录的设备示意图。

在蒙塔克的研究之后，有研究者对48对被试进行了多人交互同步核磁记录，发现在信任游戏（trust game）中，游戏双方的尾状核（caudate nucleus）激活有较高的相关，这种相关可能与"信任意图"有关，尾状核可能在评估对方决策的公平性以及是否以信任并回报对方的决定上起到作用（King-Casas et al., 2005）。之后，汤姆林等人（Tomlin et al., 2006）继续探索了被试在信任游戏中的脑互动情况，发现扣带回在被试的互动中起到关键作用，双方做出行为反应时，扣带回在脑激活上出现一个系统性的空间变化。这两个有关信任游戏中互动脑机制的研究均发表在《科学》杂志上，为揭示公平与互惠的社会互动机制提供了重要的研究依据。

除了在经济决策中应用多人交互同步记录技术探索互动双方的脑连接机制之外，近几年来，有研究者开始关注比较基本的社会互动过程中的脑互动，如情绪识别（Anders, Heinzle, Weiskopf, Ethofer, & Haynes, 2011）、眼神交流和注视跟随（Saito et al., 2010）等。安德斯等人（Anders et al., 2011）发现，当情侣识别面部表情时，表情交流能够引起情侣双方共同的脑激活模式，两人的前颞叶、脑岛以及躯体运动区域都有相同的激活模式。

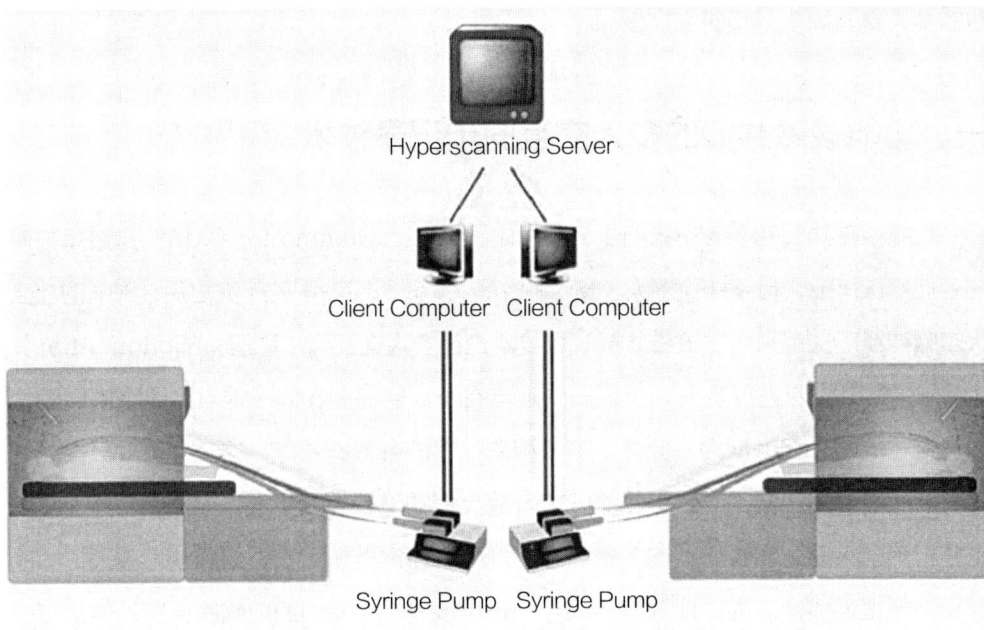

（a）设备示意图 1（Montague et al.，2002）

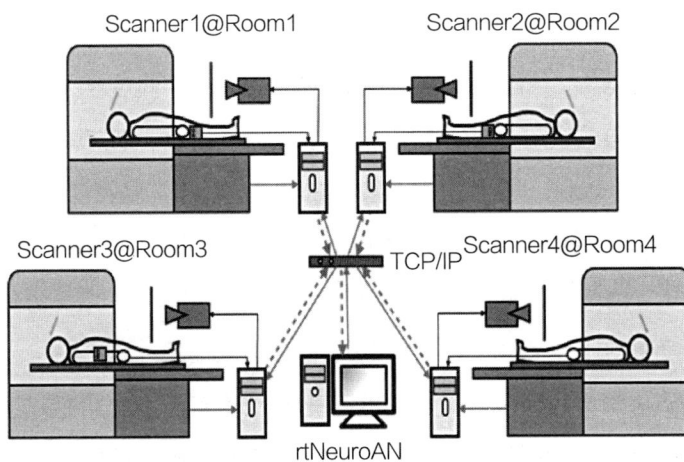

（b）设备示意图 2（http://neuroimage.yonsei.ac.kr/research.html）

图 7-1　fMRI 多人交互同步记录设备示意图

二、脑电的多人交互同步记录技术

脑电设备相对核磁设备更加简单小巧，因此很容易实现多个脑电设备同时在同一个实验室中使用，这大大减少了多人脑电同步记录的"同步"难题。由于不同设备之间的距离很近，因此既可以使用一个外接同步设备实现不同脑电仪器的同步，也可以将多个脑电仪器的数据直接输入同一个数据接收器。要注意的是，这些脑电仪器的采样率要保持一致，避免局域网可能产生的振荡干扰，并配备同样的信号触发器，信号放大值固定，以解决不同设备灵敏性差异的问题（Babiloni et al., 2012）。近几年，由于眼电与肌电过滤技术的发展，目前可以利用这些过滤器很好地将脑电数据中眼动与肌肉运动产生的干扰过滤掉，这也为脑电实现多人交互同步记录提供了便利（Babiloni et al., 2004）。图7-2是EEG多人同步交互记录设备示意图。

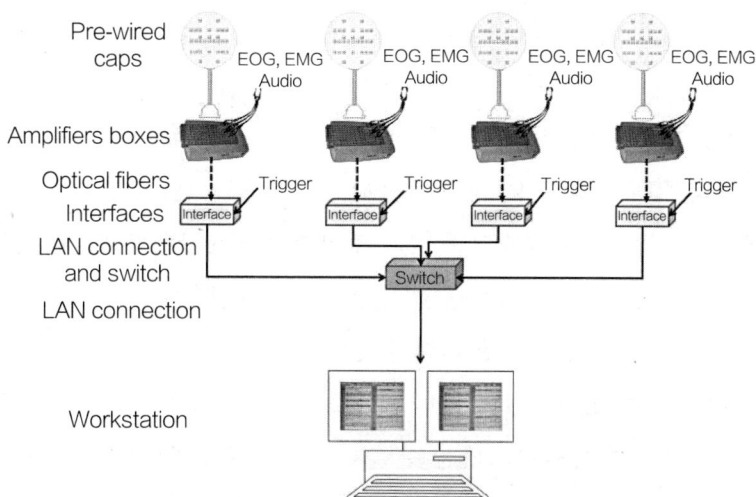

图 7-2 EEG 多人同步交互记录设备示意图（Babiloni et al., 2011）

第一个比较有影响的研究是由巴比洛尼等人（Babiloni et al., 2006）完成的。在这个研究中，四个被试共同完成一个名叫"Tressette"的意大利纸牌游戏，参加游戏的被试两两组队，两队相互抗衡，因此，对内成员要相互合作，对外成员要相互竞争（图7-3）。结果发现，队友之间的前额叶与前扣带回在游戏开始阶段有较强的连接。之

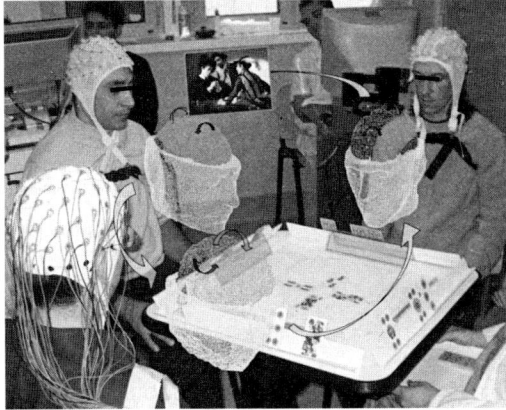

图 7-3　EEG 多人交互同步纸牌实验（Babiloni et al., 2006）

后，巴比洛尼等人（Babiloni et al., 2007）再次利用EEG多人交互同步技术探索了"囚徒困境"（Prisoner's Dilemma）游戏中个体互动的脑机制过程，结果发现，背外侧前额叶和眶额区在游戏阶段的激活程度特别高，特别是在背叛条件下，这些区域的激活尤为明显。

随后，阿斯托尔菲的研究团队（Astolfi et al., 2009）继续利用EEG多人交互同步记录技术探索"囚徒困境"中的互动脑机制，结果发现，在合作条件下，互动双方在前额皮层区有一个显著的关联性激活，但在背叛条件下却没有发现这种激活，同时他们也发现了游戏双方的前额叶与眶额区在游戏中有一个强的关联性激活，这与巴比洛尼等人（Babiloni et al., 2007）的发现是一致的。

与fMRI技术一样，EEG多人交互同步记录技术也被应用到除经济决策以外的其他研究领域，其中比较有意思的是对多人奏乐的同步脑机制的研究。林登伯格等人（Lindenberger et al., 2009）要求两名被试在节拍器的提示下同步进行吉他演奏，发现两人进行同步吉他演奏时，双方的前额叶皮层的 θ 波有在两脑之间存在节律性的连接（图7-4）。巴比洛尼等人（Babiloni et al., 2011）也对多人奏乐进行了研究，他们发现，当被试报告更高的移情时，被试的右腹侧前脑回的 α 波的激活更加强烈。除了同步奏乐外，还有研究者利用EEG的多人交互同步记录技术研究简单的手势模仿或指头动作同步过程中的脑互动机制（Dumas, Nadel, Soussignan, Martinerie, & Garnero, 2010;

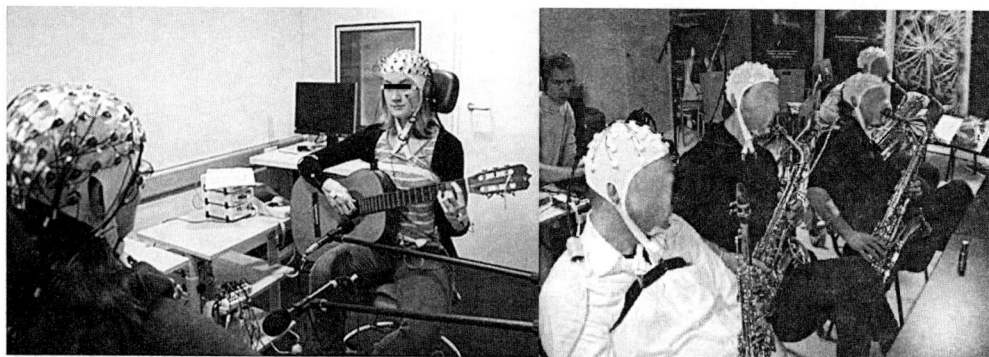

图7-4 多人奏乐的 EEG 多人交互同步记录实验（Lindenberger et al., 2009; Babiloni et al., 2011, 2012）

Tognoli, Lagarde, DeGuzman, & Kelso, 2007）。杜马等人（Dumas et al., 2010）研究发现，在同步手势运动中，不同大脑的中顶皮层 α - μ 波出现同步现象，中顶皮层可以区分成功的协同运动与不成功的协同运动，成功的协同运动会出现φ波的增强效应。

三、其他仪器的多人交互同步记录技术

fMIR和EEG是当前比较常用的两种多人交互同步记录实验技术，不过也有其他设备可以应用于多人交互同步记录技术，其中比较新兴的、发展与应用前景较好的是近红外成像技术和脑磁技术（MEG）的多人交互同步记录技术。

近红外成像的多人交互同步记录技术是除fMIR和EEG之外使用比较频繁的一项技术。近红外成像技术的设备比核磁技术简单，可以在同一地点安装多个，同时，近红外成像技术又与核磁技术类似，可测量脑血容量的变化情况。以往近红外成像的多人交互同步记录技术的设备安装类似于EEG设备的安装方法（Funane et al., 2011）。不过，近期有研究者在其研究中使用了新的设备连接方法，直接将同一台近红外设备的传导线分成两部分，分别记录两个被试的脑成像数据（图7-5）（Cui et al., 2012）。由于两个被试的脑数据是由同一个近红外成像设备同步收集的，因此极大地解决了仪器的同步问题。在该研究中，他们要求两名被试共同完成一个按键任务，合

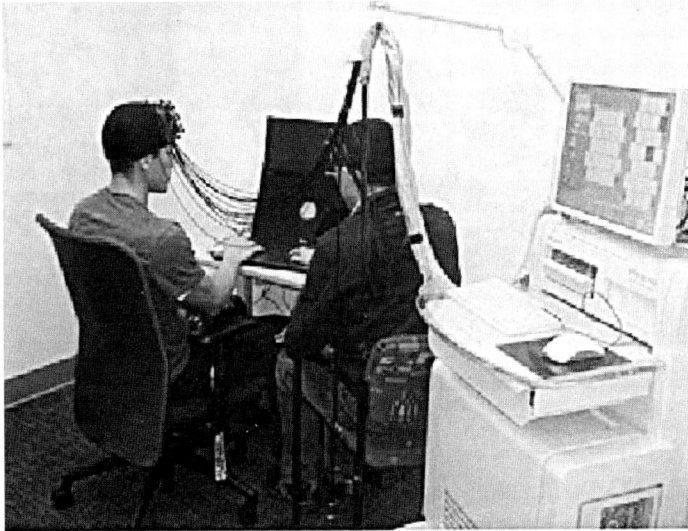

图 7-5　NIRS 多人交互同步记录实验（Cui et al., 2012）

作条件下两个被试要合作使得两人按键的时间差异尽可能小，而在竞争条件下，两个被试要比对方更快地按键，结果发现，两个被试的右顶额叶在合作条件下会出现较高的相关性，并且合作越好，相关程度越高，但是在竞争条件下没有发现这种相关性。

脑磁技术同样是比较新兴的脑成像技术，具有无侵性和无损伤性，而脑磁技术同样也实现了多人交互同步记录功能。贝斯（Baess et al., 2012）首次报告了利用MEG的多人交互同步记录技术。在这个研究中，两台MEG仪器的距离较远，两个被试通过声音传输设备进行互动和沟通。之后，平田等人（Hirata et al., 2014）将两台MEG仪器放在一个实验室进行同步记录，并使母亲与儿童同时观看对方的表情，实现了实时的同步交互记录（图7-6）。

从上述回顾可以看出，多人交互同步记录技术已经逐渐发展成熟，这种技术将成为今后多人互动与脑科学研究的新热点，这两者的结合使得群体研究可以从脑的层面回答以前从行为层面无法回答的一些问题。

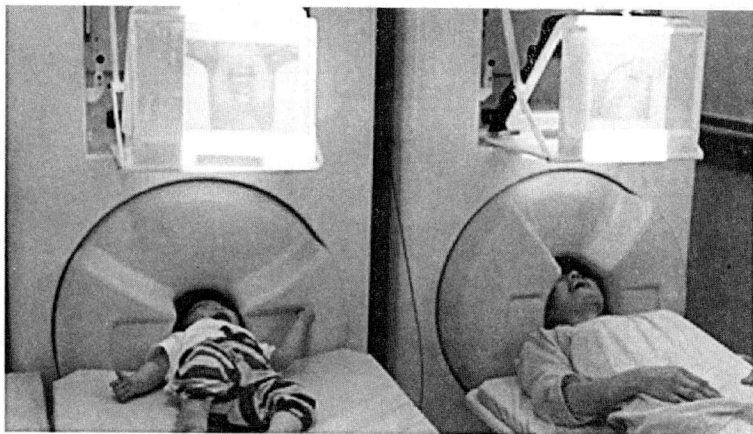

图 7-6　MEG 多人交互同步记录研究（Hirata et al., 2014）

> ## 第二节
> # 群体互动中的非言语信息

群体互动的一个主要方面就是团队信息交流。以往对团队信息交流的研究多集中在言语信息上，主要探讨团队在互动中如何进行言语信息的分享与沟通，其中，隐藏文档范式就是研究这一问题的较为经典的实验范式（Stasser & Titus, 1985）。但是，信息交流包含言语信息和非言语信息两种形式，那么非言语信息交流如何在团队互动中发生作用呢？

一、非言语信息概述

简言之，非言语信息就是除言语之外个体所使用的其他形式的沟通信息。非言语信息在交际过程中的作用十分重要，对交流效果有事半功倍的作用。有研究表明，信息交流的效果＝7％的文字＋38％音调＋55％面部表情。也就是说，93％的交流效果都在于非言语信息，可见非言语信息在人际交往互动中的重要性。非言语信息有多种分类方式，从语言学上来讲，比较通用的分类是将非言语信息分为体态语（kinesics）、副语言（paralanguage）、环境语言（environmental language）和客体语言（object language）四种，下面依次对这些非言语信息进行简单的介绍。

（一）体态语

体态语是最主要的一类非言语信息，是通过动作进行的信息表达，主要包括姿势（posture）、手势（gesture）、面部表情（facial expressions）、眼神（eye contact）、接触（touch）等。目前对这类非言语信息在言语交流与社会互动中的作用的研究相对较普遍。

姿势包括站姿、屈膝姿、躺姿等。在交际过程中，不同的姿势与个体在群体中的社会地位、性格、舒适度、正式度、自信等状态有关，有些特殊姿势如手叉腰、跺脚等还可以反映个体的情绪状态。

手势在大部分情况下与言语配合使用，有加强语意的作用。有些特定手势，如V字手势、OK手势，在某些文化下已经具有固定的符号表征意义，与特定的语言信息相对应。

面部表情则是心理学研究最多的一种体态语。一般认为，面部表情是一个多重信号系统（Ekman & Friesen，1975），可以包含诸如肤色、种族、年龄、性别、情绪、心境、态度、吸引力、精神状态等信息，这些面部信息可分为身份识别类信息与情绪信息两个独立的类别（Bruce & Young，1986）。作为人际交流的一种信息，面部表情在情绪表达和情绪沟通中的作用非常大。

除了面部表情，群体的眼神交流也同样是心理学家比较感兴趣的研究领域。一般而言，眼神的信息含义有较大的文化差异，可以反映社会支配性、兴趣、信任度等动机性状态。当前，随着眼动技术的发展，眼动设备变得更加便携。在未来的研究中，可以采用眼动技术来进一步观察团队互动中团队成员的眼神交流情况。

接触是最后一种体态语，与手势类似，特定的接触往往也具有特定的含义，并且具有文化特异性。例如，在中国文化中，微微轻拍表示安慰，握手表示欢迎，拥抱或亲吻表达较为强烈的情感。

（二）副语言

副语言指伴随有声音言语的无语意声音，包括声音修饰、非言语声音以及沉默与停顿三种。

声音修饰指音高、音量、音色、音长、语速、语调等。这些副语言信息同样也具有一定的交流意义，如音高和语速等可以反映性格、情绪和态度，语调与语言信息相结合用于特定表达语意，如疑问、惊讶等。此外，语调在表达社会地位信息中也起到一定的作用。

非言语声音主要指一些功能性的发声，包括感应性的叫声（啊、哦、呃等）、拟声词（哗、喵等）、功能性的发声（哭声、笑声等）以及体内发声（肚子叫、咳嗽声等）。

最后一类比较重要的副言语是沉默与停顿。沉默与停顿在多人互动的交流中有非常重要的作用，不仅可以反映个体的情绪与态度，还可引导发言者言语的交替。

（三）环境语言

环境语言主要指在交流过程中，环境中对交流有影响的信息，主要包括人际距离、座位安排、时间信息等。这些信息在表达社会地位、亲密关系、信任以及情绪方面也有重要作用。

（四）客体语言

客体语言主要指交流者的服装、发型、妆容、饰品等，可以反映个体的社会与经济地位、性格等信息。

二、非言语信息在团队互动中的作用

目前，对非言语信息如何影响团队互动的直接研究还相对较少，但在某些团队研究领域，非言语信息可能会成为将来研究的重点。

团队情绪是近年来团队研究的新兴热点，而非言语信息在情绪表达与情绪沟通中的作用，使得非言语信息在团队情绪的研究中变得十分重要（汤超颖，李贵杰，徐联仓，2008）。大量的研究都认为，团队情绪的产生机制包含内隐分享与外显分享两种机制，其中，内隐分享机制包括情绪感染（emotional contagion）、情绪代理（vicarious affect）、行为夹带（behavioral entrainment）以及交互同步（interaction）等。这些内隐分享机制的核心是非言语信息的识别与同步模仿。

情绪感染是群体情绪产生的一个关键过程，也是目前研究较为丰富的一个领域。情绪感染的基本机制就是基于非言语信息的模仿与回馈。研究者认为，在群体生活中，个体倾向于模仿周围人的面部表情、语音语调、姿势体态等，在这一过程中，个体的情绪体验会受到自身面部表情以及其他非言语线索的影响（王潇，李文忠，杜建刚，2010）。具体来说，首先，在群体互动中，个体会无意识地模仿他人情绪带来的面部表情，同步模仿他人的声音、姿势以及动作（Hatfield et al., 1994；Hoffman，2002）。之后，群体中的个体接受来自面部表情、声音、姿势和动作的模仿所带来反馈与刺激，产生主观的情绪体验（Hatfield, Cacioppo, & Rapson, 1994）。

非言语信息除了实现情绪情感的交流之外，还能够反映群体成员之间诸如地位、信任、友好、凝聚力等社会关系。大多数群体的沟通过程是在有意识中进行的，而一些社会信号则在其中扮演着无意识的"社会心理"（social mind）的角色，与个体的意识部分交换作用。在很多情况下，非言语信号就为这种无意识的社会交互过程奠定了基础。在对人类行为的决定作用上，这些非言语信号同有意识的社会沟通内容的重要性相当。因此，对非言语信息的测量和考察，为在复杂多变的团队环境中深入探究群体互动过程提供了一个很好的途径。例如，有研究证实，非言语信息是对人类行为的一个强有力的决定因素，并推测可通过社会信号逐渐建立群体层级和发展群体凝聚力（Ambady & Rosenthal，1992）。彭特兰（Pentland，2004）认为，非言语信息特别是声音特征（相当于副语言的声音修饰）能够预测社会行为，利用谈判实验和人际吸引实验证实了这种非言语信息在社会交互中对行为的预测作用，说明了这些非言语信息对个体在群体社会网络中的地位有好的预测性。在这一实验的基础上，柯亨和彭特兰（Curhan & Pentland，2007）再次利用这些非言语信息测量了四种基本的社会交互特征，即活跃度（activity）、卷入度（engagement）、强调（emphasis）、镜像模仿（mirroring）行为，并发现，在谈判的前5分钟，谈判成员的非言语信息所反映的四种社会交互特征就能够很好地预测整个谈判结果。

三、社会人际测量器在群体非言语信息研究中的应用

为了能够更好地研究群体中非言语的社会信号（social signal），对团队中的非言语信息实现方便有效的测量是研究的关键所在。随着传感技术、人机交互技术的飞速发展，目前在团队中测量非言语信息已不是难事。美国麻省理工学院媒体实验室开发出了一系列用于测量社会情境中不同方面的平台，可以测量人与人面对面交流时的人际互动模式并构建社交网络模型，可通过测量交流时的位置、接近度及说话的声调来更好地分析与理解人们的社交生活，可用来测量社交行为中的接近度和动作等。以社会人际测量器为代表的社会传感器网络技术（social sensor network technologies）的使用，使得以往不可探知的团队和组织内部活动变得更加清晰透明，为研究者提供了一个可以深入了解团队和组织内部动态过程的途径。

利用社会人际测量器可以监控组织中成员的行为，从中提取有意义的信息，可为管理者提供群体绩效的标尺，并为员工提供有效的反馈，使其能够有效评估自己的绩效，并为绩效的改善提供建议。利用社会人际测量器对一个大学生领袖论坛的团队在形成过程中互动模式的变化进行分析，结果发现，在团队最开始时，成员更多倾向于与本国的成员交流互动，而一周之后，团队中的互动模式趋于更加平衡（Kim，Chang，Holland，& Pentland，2008）。

在一项针对波士顿地区一家术后恢复室的67名护士的研究中，研究者利用社会人际测量器测量了其在工作过程中的身体活动、言语活动、面对面交流及身体接近等社会指标信息。通过对收集的数据进行分析，研究者不仅可以勾画出团队中成员面对面社会交流的网络（Olguín & Pentland，2008），识别团队中的交流模式，还可以识别成员不同的人格特质，评估团队整体知觉到的工作负荷及群体互动质量等信息（Olguín & Pentland，2009）。研究者利用社会人际测量器，收集麻省理工学院企业发展课程的参与者在一周课程中的社会互动信息，包括会见的人数、面对面交流的时间、身体活动水平、身体活动水平的一致性或变异性、言语能量、发言时间的比例、与他人近距离接近的时间等。回归分析之后发现，对团队绩效最好的预测变量是团队中成员平均发言时间的比例，其次是会见的人数、身体活动水平、身体活动水平的一致性或变异性、言语能量及与他人近距离接近的时间；成功团队中的成员倾向于讲更多的话，互动更加积极，同时还在身体活动水平上具有更高的一致性，言语能量较低，并且会花更多的时间与他人近距离接近（Olguín & Pentland，2010）。

第三节
虚拟团队

21世纪是网络的世纪，是信息技术的时代。在这种时代背景下，基于网络与信息技术的虚拟团队（图7-7）应运而生，对虚拟团队的研究也成为团队研究的新兴方向。

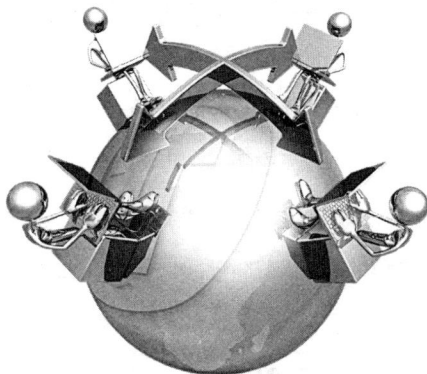

图 7-7　虚拟团队

一、虚拟团队的定义

什么是虚拟团队？对这一个新兴事物的概念界定，目前理论界还没有一个统一的定论，虚拟团队与虚拟组织、网络组织、企业动态联盟、虚拟空间、电子商务或远程工作等多种概念混杂交织在一起。李普纳克和斯坦普斯（Lipnack & Stamps, 1997）对虚拟团队的定义为"有一个共同目标，通过网络信息技术，跨越空间、时间和组织界限，相互协作工作的一群人"。乔治（George, 1996）认为，虚拟团队是"一种将具有不同知识和专长的人聚集到一起工作的方式。这群人或者是由于在空间上分散于不同的地理位置，或者是由于在不同的时段工作，或者是由于其他原因很难聚在一起工作。这种团队常常存在于问题解决、质量监控、产品开发、信息共享或其他一些团队取向的活动中"。

二、虚拟团队的特点

龚志周和王重鸣（2004）总结了虚拟团队区别于一般团队的特点，认为虚拟团队具有四个典型特点：①虚拟性，即团队在跨地域、跨时空、跨组织边界、跨文化的虚拟环境下，通过互联网等现代化电子通信工具进行沟通协作。虚拟性可以说是虚拟团队的决定性特征。②分布性，即团队成员来自不同地区、不同组织部门，团队成员在地理位置、知识能力、文化背景等方面呈现离散分布的状态，成员异质性程度较高。③流动性，即虚拟团队的团队成员相对传统团队来说，其流动性更大。④交叉性，即虚拟团队中常会出现团队成员一个人同时承担多个团队任务角色的交叉现象。

王重鸣和唐宁玉（2006）利用质性研究法对当前国内虚拟团队研究文献进行了分析，发现众多研究者对虚拟团队的认识都提到了四个特点：①以任务为中心的动态性；②以网络技术为沟通手段；③团队成员异质性；④无边界性。

三、虚拟团队与一般团队的比较

相对于传统团队来说，虚拟团队因为其特殊性，在团队有效性上具有一定的缺陷，但也有自己独特的优势。研究者对欧美七十多个虚拟团队进行了研究，这些团队涉及软件开发、生产项目管理、电子商务、外包协作等多个领域，结果发现，虚拟团队相比一般团队存在以下几个方面的问题：①不同国家和地区的团队成员之间有语言沟通障碍；②团队成员之间缺乏信任；③成员沟通时缺乏非语言的交流，影响团队情感氛围；④时区的不同导致不适应；⑤不同文化习俗产生冲突（Benson-Armer & Hsieh，1997）。

但是，不容忽视的是，由于虚拟团队集合了不同地区、不同文化背景下拥有不同知识的人员，因此虚拟团队相比普通团队也具有一定的优势。例如，有人比较了两种团队在信息收集方式上的差异，结果发现，当隐含的信息量在中等和较高水平时，虚拟团队与传统团队在信息获取程度上无显著差异，只有当隐含信息量在低水平时，传统团队才比虚拟团队获取更多的信息，绩效更高（Laughlin et al.，1995）。海德伦德等人（Hedlund，Ilgen，& Houenbeck，1998）研究了团队成员身份等级差异、背景知识差异、专长差异对虚拟团队与传统团队的团队决策效率的影响。结果发现，传统团队能够更好地共享信息，这对最终进行正确决策有重要意义；而虚拟团队的优势则在于，虚拟团队的领导更能够识别团队成员的建议质量。该研究还发现，当团队面临的决策任务需要大量信息交换时，虚拟团队的决策质量就会较差。相比传统团队，由于虚拟团队的虚拟性，虚拟团队在互动关系、信息沟通与知识共享领域有其特殊性。虚拟团队往往被认为缺乏个体间的社会互动（Jameson，2007）。在虚拟团队中，成员之间建立社会关系会更加困难，也更加缓慢（Walther，1996）。不过，虚拟团队在信息沟通上也有其优势所在，虚拟团队一般使用语音邮件或电子邮件进行沟通，电子邮件能够很好地传输大量信息，包括语音的、文本的等，同时还能为成员提供更多时间，保证成员在回复信息之前有更多的思考和研究（Khoshafian & Buckiewicz，1995）。从团队发展进程上来说，传统团队的发展阶段一般被分为形成阶段、震荡阶段、规范阶段和执行阶段（Tuckman，1977），但是约翰逊等人（Johnson et al.，2002）的研究发现，在虚拟团队的发展过程中，震荡阶段是与其他阶段混合重叠的，有时候甚至是空缺的。这可能是由于虚拟团队更倾向于任务导向，而非人际导向。

　　与一般团队相同，虚拟团队的研究焦点也在如何实现团队有效性上。什么因素能够促进虚拟团队的成功？汤森等人（Townsend，DeMarie，&Hendrickson，1998）通过研究发现，虚拟团队的成功关键在于团队共同目标的建立、团队成员信任关系和凝聚力的培养以及团队虚拟工作平台的建设与支持。凯沃思和莱登（Kayworth & Leidner，2000）运用现场研究，发现影响虚拟团队成功的四个关键因素是：①保证团队沟通的持续性、制度化并加入定期的面对面交流或其他团队建设活动；②强调团队参与意识，促进成员对不同观点的容忍度，促进信任感，形成良好的团队文化；③重视电子信息技术的设备投入与使用培训；④有清晰的团队目标、持续的绩效反馈以及上层领导的支持，保证合理的团队管理。卢里和莱辛哈尼（Lurey & Raisinghani，2001）对美国8家公司12个虚拟团队的研究发现，影响虚拟团队成功的因素包括两大类：①团队内部动力驱动因素，包括工作任务特征、成员选拔过程、成员关系、互动过程、团队内部管理机制等；②团队外部机制支持因素，包括教育培训、激励体系、领导风格、工具和技术的运用、沟通模式等。

　　随着计算机信息化的飞速发展，实现全球一体化的进程加速，虚拟团队必将在今后的企业组织中更加普遍，因此需要我们对虚拟团队的团队过程与团队绩效有更加深入的研究。

参考文献和延伸阅读

Ambady, N., & Rosenthal, R. (1992). Thin slices of expressive behavior as predictors of interpersonal consequences: A meta-analysis. *Psychological Bulletin,* 111(2), 256.

Anders, S., Heinzle, J., Weiskopf, N., Ethofer, T., & Haynes, J.-D. (2011). Flow of affective information between communicating brains. *Neuroimage,* 54(1), 439-446.

Astolfi, L., Cincotti, F., Mattia, D., Fallani, F. D. V., Salinari, S., Marciani, M. G., ... He, B. (2009). *Estimation of the cortical activity from simultaneous multi-subject recordings during the prisoner's dilemma.* Los Alamitos, CA: IEEE.

Babiloni, C., Babiloni, F., Carducci, F., Cincotti, F., Vecchio, F., Cola, B., ... Rossini, P. M. (2004). Functional frontoparietal connectivity during short-term memory as revealed by high-resolution EEG coherence analysis. *Behavioral Neuroscience,* 118(4), 687.

Babiloni, C., Buffo, P., Vecchio, F., Marzano, N., Del Percio, C., Spada, D., ... Perani, D. (2012). Brains "in concert": Frontal oscillatory alpha rhythms and empathy in professional musicians. *Neuroimage,* 60(1), 105-116.

Babiloni, C., Vecchio, F., Infarinato, F., Buffo, P., Marzano, N., Spada, D., ... Perani, D. (2011). Simultaneous recording of electroencephalographic data in musicians playing in ensemble. *Cortex,* 47(9), 1082-1090.

Babiloni, F., Cincotti, F., Mattia, D., Fallani, F. D. V., Tocci, A., Bianchi, L., ... Astolfi, L. (2007). *High resolution EEG hyperscanning during a card game.* 29th Annual International Conference of the IEEE Engineering in Medicine and Biology Society, August 22-26, Lyon, France.

Babiloni, F., Cincotti, F., Mattia, D., Mattiocco, M., Fallani, F. D. V., Tocci, A., ... Astolfi, L. (2006). *Hypermethods for EEG hyperscanning.* 28th Annual International Conference of the IEEE Engineering in Medicine and Biology Society, August

30-September 03, New York, USA.

Baess, P., Zhdanov, A., Mandel, A., Parkkonen, L., Hirvenkari, L., Mäkelä, J. P., ... Hari, R. (2012). MEG dual scanning: A procedure to study real-time auditory interaction between two persons. *Frontiers in Human Neuroscience,* 6(6): 83.

Benson-Armer, R., & Hsieh, T.-Y. (1997). Teamwork across time and space. *McKinsey Quarterly*, 18-27.

Cui, X., Bryant, D. M., & Reiss, A. L. (2012). NIRS-based hyperscanning reveals increased interpersonal coherence in superior frontal cortex during cooperation. *Neuroimage,* 59(3), 2430-2437.

Curhan, J. R., & Pentland, A. (2007). Thin slices of negotiation: Predicting outcomes from conversational dynamics within the first 5 minutes. *Journal of Applied Psychology,* 92(3), 802.

Duane, T. D., & Behrendt, T. (1965). Extrasensory electroencephalographic induction between identical twins. *Science*, 150(3694): 367.

Dumas, G., Nadel, J., Soussignan, R., Martinerie, J., & Garnero, L. (2010). Inter-brain synchronization during social interaction. *PLOS ONE,* 5(8), e12166.

Funane, T., Kiguchi, M., Atsumori, H., Sato, H., Kubota, K., & Koizumi, H. (2011). Synchronous activity of two people's prefrontal cortices during a cooperative task measured by simultaneous near-infrared spectroscopy. *Journal of Biomedical Optics,* 16(7), 077011-077011.

George, J. (1996). Virtual best practice: How to successfully introduce virtual team working. *Teams,* 19, 38-45.

Hatfield, E., Cacioppo, J. T., & Rapson, R. L. (1994). *Emotional contagion.* Cambridge: Cambridge University Press.

Hedlund, J., Ilgen, D. R., & Hollenbeck, J. R. (1998). Decision accuracy in computer-mediated versus face-to-face decision-making teams. *Organizational Behavior and Human Decision Processes,* 76(1), 30-47.

Hirata, M., Ikeda, T., Kikuchi, M., Kimura, T., Hiraishi, H., Yoshimura, Y., & Asada, M. (2014). Hyperscanning MEG for understanding mother–child cerebral interactions. *Frontiers in Human Neuroscience,* 8, 118.

Jameson, D. A. (2007). Reconceptualizing cultural identity and its role in intercultural business communication. *Journal of Business Communication,* 44(3), 199-235.

Johnson, S. D., Suriya, C., Yoon, S. W., Berrett, J. V., & La Fleur, J. (2002). Team development and group processes of virtual learning teams. *Computers & Education,* 39(4), 379-393.

Kayworth, T., & Leidner, D. (2000). The global virtual manager: A prescription for success. *European Management Journal,* 18(2), 183-194.

Khoshafian, S., & Buckiewicz, M. (1995). *Introduction to groupware, workflow, and workgroup computing.* New York: John Wiley & Sons, Inc.

Kim, T., Chang, A., Holland, L., & Pentland, A. S. (2008). *Meeting mediator: Enhancing group collaborationusing sociometric feedback.* Proceedings of the 2008 ACM conference on Computer supported cooperative work, November 08-12, San Diego, CA.

King-Casas, B., Tomlin, D., Anen, C., Camerer, C. F., Quartz, S. R., & Montague, P. R. (2005). Getting to know you: Reputation and trust in a two-person economic exchange. *Science,* 308(5718), 78-83.

Laughlin, P. R., Chandler, J. S., Shupe, E. I., Magley, V. J., & Hulbert, L. G. (1995). Generality of a theory of collective induction: Face-to-face and computer-mediated interaction, amount of potential information, and group versus member choice of evidence. *Organizational Behavior and Human Decision Processes,* 63(1), 98-111.

Lindenberger, U., Li, S.-C., Gruber, W., & Müller, V. (2009). Brains swinging in concert: Cortical phase synchronization while playing guitar. *BMC Neuroscience,* 10(1), 22.

Lipnack, J., & Stamps, J. (1997). Virtual teams: Reaching across space, time, and organizations with technology. *Hrmagazine*, (43), 79.

Lurey, J. S., & Raisinghani, M. S. (2001). An empirical study of best practices in virtual teams. *Information & Management,* 38(8), 523-544.

Montague, P. R., Berns, G. S., Cohen, J. D., McClure, S. M., Pagnoni, G., Dhamala, M., ... Apple, N. (2002). Hyperscanning: Simultaneous fMRI during linked social interactions. *Neuroimage,* 16(4), 1159-1164.

Olguín, D. O., & Pentland, A. (2009). *Sensor-based organizational engineering*. Proceedings of the ICMI-MLMI '09 Workshop on Multimodal Sensor-Based Systems and Mobile Phones for Social Computing, November 02-04, Cambridge, MA.

Olguín, D. O., & Pentland, A. (2010). *Assessing group performance from collective behavior*. CSCW-2010 Workshop on Collective Intelligence in Organizations: Towards a Research Agenda, February 6-10, Savannah, GA.

Olguín, D. O., & Pentland, A. S. (2008). Social sensors for automatic data collection. *AMCIS* 2008 *Proceedings*, 171.

Pentland, A. (2004). *Social dynamics: Signals and behavior*. International Conference on Development and Learning (ICDL), October 20-22, San Diego, CA.

Saito, D. N., Tanabe, H. C., Izuma, K., Hayashi, M. J., Morito, Y., Komeda, H., ... Fujibayashi, Y. (2010). "Stay tuned": Inter-individual neural synchronization during mutual gaze and joint attention. *Frontiers in Integrative Neuroscience,* 4, 127.

Stasser, G., & Titus, W. (1985). Pooling of unshared information in group decision making: Biased information sampling during discussion. *Journal of Personality and Social Psychology,* 48(6), 1467.

Tognoli, E., Lagarde, J., DeGuzman, G. C., & Kelso, J. A. S. (2007). The phi complex as a neuromarker of human social coordination. *Proceedings of the National Academy of Sciences,* 104(19), 8190-8195.

Tomlin, D., Kayali, M. A., King-Casas, B., Anen, C., Camerer, C. F., Quartz, S.

R., & Montague, P. R. (2006). Agent-specific responses in the cingulate cortex during economic exchanges. *Science,* 312(5776), 1047-1050.

Townsend, A. M., DeMarie, S. M., & Hendrickson, A. R. (1998). Virtual teams: Technology and the workplace of the future. *The Academy of Management Executive,* 12(3), 17-29.

Walther, J. B. (1996). Computer-mediated communication impersonal, interpersonal, and hyperpersonal interaction. *Communication Research,* 23(1), 3-43.

汤超颖, 李贵杰, 徐联仓. (2008). 团队情绪研究述评及展望. 心理科学进展, 16(6), 926-932.

王潇, 李文忠, 杜建刚. (2010). 情绪感染理论研究述评. 心理科学进展, 18(8), 1236-1245.

王重鸣, 唐宁玉. (2006). 虚拟团队研究: 回顾, 分析和展望. 科学学研究, 24(1), 117-124.

龚志周, 王重鸣. (2004). 虚拟团队理论研究及其发展趋势. 心理科学, 27(2), 496-498.